DAS GROSSE MIX BACKBUCH

DANIELA & TOBIAS GRONAU

DAS GROSSE MIX BACKBUCH

ÜBER 100 REZEPTE FÜR DEN THERMOMIX®

südwest

Inhalt

Wie wir zu Thermomix®-Begeisterten wurden

Ohne die leiseste Vorahnung, was uns erwartet, besuchten wir vor wenigen Jahren eine Thermomix®-Repräsentation, zu der wir eingeladen waren. »Thermomix® – was soll das denn sein? Braucht doch kein Mensch«, dachten wir uns. Wir hatten uns felsenfest versprochen, nichts zu kaufen. Einige Stunden später saßen wir stillschweigend im Auto und natürlich hatten wir den Durchschlag des unterschriebenen Kaufvertrags in der Hand. Als stolze Besitzer eines Thermomix® verbrachten wir nach einer endlos langen Lieferzeit gefühlte 24/7 mit unserem neuen Freund.
Bis heute haben wir zahlreiche Rezepte entwickelt, getestet und in Rezeptheften, unserem Blog auf will-mixen.de und in Büchern festgehalten. So zum Beispiel in unserem Kochbuch für den Thermomix®, das gut ankam. Nun freuen wir uns, hiermit unser großes Backbuch für den Thermomix® vorstellen zu können.

Warum wir wir so gerne mit unserem Thermomix® backen

Dank seiner Funktionsvielfalt ist der Thermomix® für jede Art von Teig bestens gerüstet. Alle Funktionen, die wir brauchen, bis ein werdendes Gebäck – ob Kuchen, Plätzchen, Brot oder Brötchen – in den Backofen kommt, sind in einer Maschine vereint.
Leichte Biskuitteige mit viel Ei werden dank des Rühraufsatzes wie von selbst luftig locker geschlagen. Saftige Rührkuchenteige mischen wir mit links, im wahrsten Sinne des Wortes. Mit der kraftvollen Teigknetstufe, in der die Mixtopfmesser im Intervallbetrieb den Teig links- und rechtsherum kneten, wird auch schwerer Teig gezähmt und perfekt, wie von Bäckerhand, geknetet.
Ja, wir haben wenig Zeit. Umso praktischer ist es, dass uns vom Thermomix® viel Arbeit abgenommen wird. Noch während wir uns dem Haushalt widmen oder das Frühstück vorbereiten, knetet der Thermomix® schon den Pizzateig fürs Mittagessen.
Unser Lieblingsküchenhelfer verbraucht wenig Platz in der Küche, sodass für alle weiteren Backschritte, wie z.B. das Ausrollen des Teiges, viel Raum bleibt.
Doch das ist noch nicht genug. Im Varoma-Einsatz des Thermomix® dämpfen wir unser Gebäck sogar. Brote und Brötchen trocknen nicht aus und werden saftig wie nie. Probiert es einmal aus!

Mehl einfach selbst gemacht

Kein Mehl mehr im Schrank zu Hause? Kein Problem! Dank des kraftvollen Motors und der scharfen Messer machen wir unser Mehl einfach selbst. Wir kaufen das ganze Korn, das noch die meisten wichtigen Mineralstoffe enthält, und bestimmen selbst den Mahlgrad. Das funktioniert z.B. super mit Weizen, Hafer, Dinkel, aber auch mit Sesam, Mohn und anderen Saaten.

Auch Fans von Low-Carb-Rezepten kommen voll auf ihre Kosten, denn Mehl aus Nüssen, das ja sehr schnell ranzig wird, wenn es nicht frisch ist, wird für unsere Kreationen in Sekunden je nach Bedarf grob oder fein gemahlen.

Wasserbad ade!

Mit dem Thermomix® zerkleinern wir unsere Schokolade und Kuvertüre in Sekundenschnelle vor und schmelzen sie zur weiteren Verarbeitung einfach direkt im Mixtopf. Dank eingebauter Thermostate hält der Thermomix® die Temperatur beim schonenden Erwärmen konstant und zuverlässig, sodass nichts anbrennen kann und das aufwendige, zeitintensive Wasserbad, bei dem wir stets fleißig rühren mussten, der Vergangenheit angehört. Wir geben die Kuvertüre einfach in Stücken in den Mixtopf, hacken sie einige Sekunden und schmelzen sie dann schonend, während wir uns längst wieder anderen Aufgaben widmen.

Frische Ideen aus der Backstube

Mittlerweile haben wir uns über die Frage: »Wer darf zuerst an den Thermomix®?« geeinigt. Jetzt heißt es vielmehr: »Wer darf zuerst sein neu entwickeltes Kuchenrezept ausprobieren?« Ja, und genau so sind wir zu unseren neuen Inspirationen rund um die verschiedensten Backkreationen gekommen!
Zu zweit gehen wir das Konzept an: Von der Entwicklung neuer ausgefallener, gut durchdachter Rezepte bis hin zur Probierphase – wobei wir uns auf Letztere natürlich immer am meisten freuen, ganz zu schweigen von unseren Freunden und Verwandten! Anschließend folgen zahlreiche Fotosets, um alles ins beste Licht zu rücken. Und weil uns das Entwickeln des Kochbuchs schon so große Freude bereitet hat, schließen wir also nun das Backbuch mit über 100 exquisiten Inspirationen an.
Zudem gibt es hilfreiche Tipps und Tricks rund um das Thema Kochen und Backen mit dem Thermomix® auf unserem Blog. Darin präsentieren wir qualitativ hochwertiges Zubehör für alle Thermomix®-Begeisterten, nicht nur für noch mehr Kochspaß, sondern auch praktische Hilfsmittel und süße Ideen passend zu unserem neuen Backbuch und zu jedem Anlass!

Wie heißt es so schön?

Auf die Törtchen, fertig, los: Lasst Euch von neuen und kreativen Rezeptideen, passend für jeden Anlass, inspirieren und erlebt unentdeckte Kräfte Eures Lieblings! Wir garantieren für genüssliche und ausgiebig getestete Köstlichkeiten für jede Naschkatze. Vermutlich steht Ihr gerade aufgeregt in der Küche, mit schweifendem Blick auf Euren Thermomix® und wartet darauf, endlich loslegen zu können. Aus diesem Grund halten wir Euch jetzt nicht länger auf. Wir wünschen Euch viel Spaß und Freude beim Entdecken und Schmecken.

Wir sind dann mal beim Naschen!
Daniela & Tobias Gronau

thermomix
VORWERK

INFOS ZUM

BACKEN

MIT DEM THERMOMIX®

Hilfe beim Backen

Selbst gemachtes Gebäck schmeckt einfach am besten. Wir wissen, was in unserem Gebäck drin ist! Dabei hilft uns der Thermomix® (TM), eine Küchenmaschine, die zwölf Funktionen in einem Gerät vereint. Damit kann man zerkleinern, mahlen, rühren, kochen, dampfgaren, schlagen, vermischen, mixen, emulgieren, kneten, wiegen und kontrolliert erhitzen. Der TM5 hat mit 2200 Millilitern etwas mehr Fassungsvermögen als sein Vorgänger, der TM31, der nur 2000 Milliliter fasst. Die Rezepte aus diesem Buch können mit beiden Modellen zubereitet werden.

Die Bestandteile des Gerätes

Der Thermomix® besteht aus Grundgerät, Mixtopf, Mixmesser (mit Rühraufsatz), Mixtopfdeckel, Messbecher, Spatel, Gareinsatz und Varoma.

Gehäuse Die Schaltzentrale als grundsolides Tischgerät mit Display, Funktions-Wahltaste und Temperaturanzeige.

Mixtopf Ohne ihn läuft gar nichts. Mit Temperatursensoren und einer eingebauten Heizung im Boden ist er Kochplatte und Kochtopf in einem. Die praktische Ausbuchtung des Mixtopfrandes ermöglicht es, Flüssiges direkt und ohne Kleckern umzufüllen.

Mixmesser Von weich bis kräftig kann es schneiden, mischen, kneten oder eben doch nur ganz sanft umrühren. Zum Schlagen von Sahne oder Eiweiß verwenden wir in unseren Rezepten den Rühraufsatz, der wie ein Schmetterling auf das Messer gesetzt wird. Er darf nicht höher als auf Stufe 4 eingesetzt werden, da er sonst beschädigt werden kann.

Rühraufsatz Er kann auf das Mixmesser aufgesetzt werden.

Mixtopfdeckel Nur wenn der Deckel verriegelt ist, fängt das Gerät überhaupt erst an zu arbeiten. Durch seine Öffnung kann man Zutaten im laufenden Betrieb dazugeben. Pfiffig: Er hilft auch beim Abwiegen.

Messbecher Außer beim Dämpfen mit dem Varoma-Aufsatz wird der kleine (100 Milliliter) Messbecher in den Mixtopfdeckel eingesetzt. Ausnahmen werden extra erwähnt.

Spatel Um den Zerkleinerungsvorgang zu unterstützen, kann der Spatel während des Zerkleinerns durch die Deckelöffnung gesteckt und im Mixtopf bewegt werden. Dadurch werden die Zutaten in das Messer geschoben. Die Manschette des Spatels verhindert, dass dieser vom Mixtopfmesser erfasst wird. Der heiße Gareinsatz kann mithilfe des Hakens am Spatel sicher entnommen werden.

Gareinsatz Er wird zum Kochen oder Dampfgaren direkt in den Mixtopf eingesetzt. Die Zutaten werden nicht vom Mixmesser berührt. Außerdem kann der Gareinsatz beim Kochen ohne Messbecher als Spritzschutz auf den Mixtopfdeckel gesetzt werden. Der Vorteil ist, dass die Flüssigkeit als Dampf entweichen kann, ohne dass das Gargut herausspritzt. Der Gareinsatz dient auch als Sieb.

Varoma Er setzt sich zusammen aus Varoma-Behälter, Varoma-Einlegeboden und Varoma-Deckel. Der Varoma-Behälter wird zum Dämpfen von Zutaten auf den Thermomix® gesetzt. In den Rezepten steht dazu dann z. B.: **20 Minuten/Varoma/Stufe 1**. Eine Stufe muss immer eingestellt sein, einfach, damit der Thermomix® überhaupt loslegt. Das Messer dreht sich dann ganz langsam mit, was beim Dämpfen aber keine Rolle spielt. Auch

Mit aufgesetztem Rühraufsatz werden Ei und Zucker luftig locker aufgeschlagen.

Mehl lässt sich sehr gut selbst mahlen. Sogar bei ölhaltigen Saaten geht dies problemlos.

der Varoma-Einlegeboden hat Schlitze zum Dampfdurchlassen. Seine zwei passgenauen Griffe lassen ihn ganz einfach in den Varoma-Behälter einhängen. Darauf dämpft man z. B. Teigtaschen oder Brötchen.

Symbole und Funktionen

In den Rezepten werden folgende Symbole und Stufenangaben verwendet:
Linkslaufzeichen Bei diesem Zeichen wird die Linkslauf-Funktion des Thermomix® verwendet. Da sich das Mixmesser hier mit der stumpfen Seite voraus dreht, wird das Gargut vermischt, aber nicht mehr, bzw. sehr weiche Zutaten nicht mehr so stark zerkleinert. Wichtig: Wird das Zeichen im nächsten Arbeitsschritt nicht mehr angezeigt, muss der Linkslauf deaktiviert werden!
120 °C-Varoma-Zeichen 120° Varoma Bei diesem Zeichen wird die Temperatur des TM31 auf Varoma eingestellt, beim TM5 auf 120 °C.
Knetstufe Sie dient dem Kneten von schweren Teigen.
Sanftrührstufe Mit ihr werden die Zutaten sehr schonend miteinander verrührt.

Reinigung des Mixtopfs

Muss der Mixtopf während eines Rezeptes gereinigt werden, geben wir diesen Schritt vor.
Mixtopf ausspülen Bei dieser Angabe im Rezept reicht es, den Mixtopf grob mit Wasser auszuschwemmen.
Mixtopf spülen Bei dieser Angabe im Rezept muss der Mixtopf für den nächsten Arbeitsschritt komplett gereinigt und gut abgetrocknet werden.
Messer reinigen Um das Messer von Teigresten zu befreien, stellt man am besten **5 Sekunden/Stufe 10** ein. Die Reste lassen sich dann mit dem Spatel vom Mixtopfrand entnehmen.

Stäbchenprobe: Haftet nach dem Herausziehen des Stäbchens noch flüssiger Teig daran, erhöhen wir die Backzeit.

Mixtopf endreinigen Der Mixtopf lässt sich am besten direkt nach dem Gebrauch reinigen. Dazu ein paar Tropfen Geschirrspülmittel und 500 Gramm Wasser in den Mixtopf geben, auf Stufe 6 stellen und den Linkslauf mehrfach ein- und ausschalten. Bei Bedarf mit einer Bürste oder einem Spültuch nacharbeiten. Danach gut abtrocknen.

Richtig backen

Um das beste Resultat nach dem persönlichen Geschmack zu bekommen, sind beim Backen ein paar Punkte – von Backzeit bis Stäbchenprobe – zu beachten.

Zubereitungszeit Diese Zeitangabe umfasst alle Arbeitsschritte, in denen aktiv am Rezept gearbeitet wird, wie z. B. das Waschen und Schälen der Zutaten.

Gesamtzeit Die Gesamtzeit umfasst die Zubereitungszeit, in der aktiv an einem Rezept gearbeitet wird, sowie die Zeit, in der der Thermomix® ohne Zutun alleine arbeitet. Wenn parallel keine Arbeitsschritte im Rezept erfolgen, sind Abkühlzeiten und Gefrierzeiten nicht mit einberechnet und werden extra angegeben.

Gar- und Rührzeiten Die Gar- und Rührzeiten sind abhängig von der Menge und Qualität der Zutaten. Abhängig von vielen Faktoren, benötigen natürliche Zutaten wie Mehle manchmal etwas mehr oder weniger Flüssigkeit als in unseren Rezepten angegeben. Auch der Reifegrad von Obst und Gemüse hat Einfluss auf Geschmack, Konsistenz und Aussehen des Gebäcks.

Backzeiten Backzeiten sind abhängig vom Backofen, denn es gibt ja verschiedene Modelle von unterschiedlichen Herstellern. Auch Größe und Material der Backform, sehr kalte oder tiefgekühlte Zutaten sowie der Umstand, ob der Backofen vorgeheizt wurde oder nicht, haben Einfluss auf die Backzeit. Aus diesem Grund sind die in den Rezepten angegebenen Backzeiten Richtwerte. Während des Backens sollte der Bräunungsgrad des Gebäcks immer im Blick behalten werden, um das gewünschte Ergebnis zu erlangen.

Ober-/Unterhitze Die Rezepte in diesem Buch schlagen vor, den Backofen vorzuheizen. Unsere Kuchen, Brote und Gebäcke werden mit Ober- und Unterhitze gebacken, dennoch sind auch Temperatureinstellungen zu Umluft und Gas als Richtwerte in Klammern angegeben – soll nur mit Umluft gebacken werden, wird dies explizit im Rezept angegeben. Soll anderes Gebäck mit Umluft gebacken werden, könnt Ihr auch zwei Bleche gleichzeitig backen und am besten nach der Hälfte der Backzeit die Backbleche in der Höhe tauschen und gleichzeitig drehen, damit die Backwaren gleichmäßig gebräunt werden.

Stäbchenprobe Nach dem Backen sollte mit einer Stäbchenprobe geprüft werden, ob das Gebäck durchgebacken ist. Dafür wird ein Zahnstocher oder langer Holzspieß in die Mitte des Gebäcks gestochen. Nach dem Herausziehen darf kein flüssiger Teig am Stäb-

chen mehr kleben, sonst muss das Gebäck weitergebacken werden. Ist das Gebäck schon ausreichend gebräunt, kann es mit Alufolie vor zu starker Bräunung geschützt werden.
Klopfprobe Beim Brotbacken empfehlen wir eine Klopfprobe. Dazu auf den Boden des Brotes klopfen. Wenn es »hohl« klingt, ist es durchgebacken.

Kleine Warenkunde

Möglichst saisonal, regional und naturbelassen – das ist unser Credo beim Einkaufen. Die Auswahl der Zutaten richtet sich dabei natürlich nach den Rezepten.
Mehl Wenn nicht anders beschrieben, wird in diesem Kochbuch Mehl Type 405 verwendet. Die Typbezeichnung dient der Einteilung des Mehls in verschiedene Sorten und beschreibt den Mineralstoffgehalt in Milligramm pro 100 Gramm. Je höher die Mehltype ist, desto mehr Teile der Schale des Korns sind im Mehl verarbeitet. Dadurch sind auch mehr Mineralstoffe des Korns noch vorhanden. Für Vollkornmehl wird das gesamte Korn verarbeitet. 100 Gramm bis 250 Gramm Getreidekörner in den Mixtopf geben und 1 Minute/Stufe 10 mahlen. Beim Austausch der Mehlsorten untereinander kann sich die benötigte Flüssigkeitsmenge ändern.
Eier Alle in den Rezepten verwendeten Eier haben die Größe M.
Zucker Wenn keine andere Zuckerart angegeben ist, verwenden wir weißen Feinkristallzucker. Dieser kann nach eigenem Geschmack auch durch braunen Zucker ersetzt werden. Wir finden, dass der leicht karamellige Geschmack zu fast jedem Gebäck passt. Für feinen Puderzucker 200 Gramm Zucker in den Mixtopf geben und 30 Sekunden/Stufe 10 pulverisieren.
Milch & Milchprodukte Wir verwenden unentrahmte Vollmilch (3,5 % Fett), ungesalzene Butter – wobei für weiche Butter diese einige Zeit vor der Verarbeitung aus dem Kühlschrank genommen wird –, Vollrahmsahne mit einem Anteil von mindestens 30 % Fett und Naturjoghurt mit 3,5 % Fett.
Hefe In unseren Rezepten verwenden wir ausschließlich frische Hefe in Würfelform. Diese kann aber auch durch Trockenhefe aus Päckchen ersetzt werden. Die Triebkraft eines Würfels Frischhefe (42 Gramm) entspricht etwa zwei Päckchen Trockenhefe (je 7 Gramm). Die optimale Temperatur, damit die Hefe im Teig gut arbeitet und der Teig aufgeht, liegt bei 32 °C. Aus diesem Grund lässt man Hefeteig vor dem Backen ruhen, damit er schön aufgehen kann.
Nüsse, getrocknete Früchte und Mandeln Wir verwenden geschälte (auch braune Mandeln genannt) und blanchierte Mandeln. Beim Blanchieren wird die braune Außenhaut der Mandel entfernt. So leicht blanchiert man geschälte Mandeln: 500 Gramm Wasser und 200 Gramm Mandeln in den Mixtopf geben, 8 Minuten/100 °C/Linkslauf/Stufe 1 aufkochen. In den Gareinsatz schütten, abkühlen lassen, mit den Fingern aus der Haut drücken und wie gewünscht weiterverarbeiten. Achtung: Sollen die blanchierten Mandeln gemahlen werden, müssen sie komplett getrocknet sein.
Obst Wenn möglich verwenden wir Biofrüchte, vor allem Orangen und Zitronen, bei denen die Schale Bestandteil des Rezeptes ist.

Wichtige Arbeitsschritte

Am besten legt man sich alle Zutaten und Hilfsmittel bereit, bevor man mit dem Zubereiten der Teige, Füllungen, Beläge und Überzüge beginnt. Bei den Mengenangaben von Obst und Gemüse in den Rezepten sind die Putzverluste bereits miteingerechnet.

Wiegen Um Zutaten außerhalb des Mixtopfes zu wiegen, einfach eine Schüssel auf den Deckel des Thermomix® stellen, die Tara-Taste drücken und die Zutaten einwiegen. Feste Zutaten können auch ohne Behältnis direkt auf dem Deckel des Mixtopfes gewogen werden. Zum genauen Abwiegen kleiner Mengen bietet es sich an, den Messbecher mit der Messöffnung nach oben in den Mixtopfdeckel zu setzen und darin einzuwiegen. Auch flüssige Zutaten werden in den Rezepten in Gramm angegeben.

Waschen Obst und Gemüse sollten vor der Verarbeitung im Thermomix® gründlich unter fließendem kaltem Wasser gereinigt werden, danach am besten mit etwas Küchenpapier trockengetupft und auch nach Bedarf geputzt werden.

Mahlen Mit dem Thermomix® mahlen wir unser Mehl nach dem gewünschten Feinheitsgrad einfach selbst. Die Nährstoffe bleiben im ganzen Korn länger erhalten und so landen mehr wertvolle Inhaltsstoffe direkt in unserem Essen, als bei der Verwendung von bereits fertigem Mehl, bei dem der Nährstoffabbau schon direkt nach dem Mahlen in der industriellen Mühle begonnen hat. So haben wir jederzeit frisches Mehl.

Emulgieren Bei der Zubereitung einer sämigen Sauce wird das Öl bei eingesetztem Messbecher auf den Thermomix®-Deckel gegossen und es träufelt dann langsam durch die Schlitze zwischen Messbecher und Mixtopfdeckel.

Zutaten werden im Mixtopf oder in einem Gefäß auf dem Mixtopfdeckel gewogen.

Achtung

Bei aller Freude am Backen sollten ein paar Hinweise während der Zubereitung beachtet werden, damit keine Missgeschicke passieren:

Wachsam sein Der Thermomix® ist kraftvoll, sehr kraftvoll. Daher ist das Kneten schwerer Teige ein Kinderspiel für ihn. Trotz der »Anti-Rutsch-Standfüße« kann es passieren, dass das Gerät durch die Unwucht beim Kneten verrutscht. Behaltet den Thermomix® beim Kneten schwerer Teige also bitte im Auge.

Öffnen der Backofentür Bei allen Broten, Brötchen, Kuchen und Gebäckstücken, bei denen ein Gefäß mit heißem Wasser beim Backvorgang in den Backofen gestellt wird, gilt der Warnhinweis: Achtung! Beim Öffnen des Backofens entweicht heißer Dampf!

Hilfsmittel und Zubehör

Für unsere Rezepte brauchen wir oft Backpapier, zuweilen auch Alufolie und Backformen. Alle zusätzlich benötigten Hilfsmittel, auch zum Vorbereiten der Backbleche und Formen, haben wir unter »Außerdem« zusammengefasst, damit man auf einen Blick sieht, was man neben den Zutaten braucht.

Backpapier Mit Backpapier ausgelegt klebt nichts am Backblech fest.

Teigkarte Sie hilft beim Abschneiden, Lösen, Teilen und Formen von Teigen aller Art.

Nudelholz oder Teigroller Aus Holz oder mit Silikon beschichtet. Ein Mini-Teigroller ermöglicht es, den Teig auch in Formen oder dem Backblech auszurollen.

Geschirrtuch Zum Abdecken von Hefeteigen in der Ruhezeit – um sie vor Zugluft und vor dem Austrocknen zu schützen–, sowie zum Aufrollen von Biskuitteig dienen saubere Küchenhandtücher aus Baumwolle.

Kuchengitter Dieses Hilfsmittel dient dem Auskühlen des Backwerks und zum Abtropfenlassen einer Glasur.

Backformen

Soll ein Gebäck gut gelingen, ist das Nachvollziehen des Rezeptes ebenso wichtig wie die Wahl der passenden Backform. Aus welchem Material diese ist, ist zweitrangig.

Auflauf- und Tarteformen Sie sind entweder aus Metall, Glas, Porzellan oder Silikon.

Springformen Sie sind meist rund oder herzförmig und haben als Wand einen Ring, der sich öffnen lässt.

Metall Je nach Rezept mit Backpapier ausgekleidet oder eingefettet und bemehlt oder bezuckert, damit der Teig nicht an der Form kleben bleibt.

Silikon Bei Verwendung von Silikonformen ist kein Einfetten nötig, das Gebäck löst sich nach dem Backen einfach aus der Form. Eventuell müssen längere Backzeiten eingerechnet werden. Wichtig ist, dass im Silikon keine Weichmacher verwendet werden.

Muffinblech aus Metall oder Silikon Darin sind zwölf Mulden eingearbeitet. Metallbleche werden gefettet und gemehlt oder gezuckert. Dies ist bei Silikonförmchen nicht nötig. Man kann das Muffinblech auch mit Papierförmchen auslegen.

REZEPTE

GRUNDTEIGE

AUS DEM THERMOMIX®

Hefeteig

Zubereitungszeit süß: 15 Minuten • Gesamtzeit: 15 Minuten + 1 Stunde Ruhezeit
Zubereitungszeit salzig: 10 Minuten • Gesamtzeit: 10 Minuten + 1 Stunde Ruhezeit

Für je 1 Backblech (je 20 Stücke)

Grundrezept Süßer Hefeteig:

- 1 Würfel Hefe
- 200 g Milch
- 90 g Zucker
- 100 g Butter
- 500 g Weizenmehl Type 550
- 1 Ei
- 1 Prise Salz

Grundrezept Salziger Hefeteig:

- 1 Würfel Hefe
- 500 g Weizenmehl Type 550
- 240 g lauwarmes Wasser
- 35 g Olivenöl
- 1 ½ TL Salz
- ½ TL Zucker

1. Für den süßen Teig Hefe in den Mixtopf bröseln. Milch dazugeben und **1 Minute/37 °C/Stufe 1** erwärmen. Zucker in den Mixtopf geben und **1 Minute/Stufe 2** vermengen. Butter in Stücke schneiden. Butterstücke, Mehl, Ei und Salz in den Mixtopf geben und **5 Minuten/Knetstufe** zu einem geschmeidigen Teig kneten. Den Teig in eine Schüssel geben, mit einem Tuch zudecken (Bild 1) und an einem warmen Ort ca. 1 Stunde gehen lassen, bis sich das Volumen verdoppelt hat (Bild 2). Den Teig ausrollen (Bild 3) und nach Rezept backen.

2. Für den salzigen Teig Hefe in den Mixtopf bröseln. Mehl, Wasser, Öl, Salz und Zucker dazugeben und **3 Minuten/Knetstufe** kneten. Den Teig in eine Schüssel geben und zugedeckt an einem warmen Ort mindestens 1 Stunde gehen lassen. Nach Rezept backen.

Info: Hefe mag es gerne etwas wärmer, deshalb wird beim süßen Teig die Milch mit der Hefe im ersten Schritt kurz erwärmt.

Nährwerte/Stück süßer Teig:
156 kcal • 4 g Eiweiß • 23 g Kohlenhydrate • 5 g Fett

Nährwerte/Stück salziger Teig:
106 kcal • 3 g Eiweiß • 18 g Kohlenhydrate • 2 g Fett

1.

2.

3.

Mürbeteig

Zubereitungszeit je: 10 Minuten • Gesamtzeit: 10 Minuten + 30 Minuten Ruhezeit

Für 1 Tarte (8 Stücke)

Grundrezept Mürbeteig für Tartes:

- 240 g Mehl
- 120 g kalte Butter
- 1 TL Salz
- 80 g Wasser

Für 1 Backblech (ca. 50 Stück)

Grundrezept Süßer Mürbeteig für Plätzchen:

- 100 g Zucker
- 200 g Butter
- 300 g Mehl
- 1 Eigelb
- 1 Prise Salz

Außerdem:

- Frischhaltefolie
- Backpapier
- Mehl für die Arbeitsfläche
- Plätzchenausstecher

1. Für den Tarte-Mürbeteig Mehl, Butter, Salz und Wasser in den Mixtopf geben und **25 Sekunden/Stufe 4** verrühren. In Frischhaltefolie wickeln und 30 Minuten kühlen. Nach Rezept backen.

2. Für den süßen Mürbeteig für Plätzchen Zucker in den Mixtopf geben und **10 Sekunden/Stufe 10** pulverisieren. Butter in Stücke schneiden. Butterstücke, Mehl, Eigelb und Salz zufügen und mithilfe des Spatels **40 Sekunden/Knetstufe** kneten. In Frischhaltefolie wickeln und 30 Minuten kühlen. Backofen auf 170 °C (Umluft 150 °C, Gas Stufe 2) vorheizen. Teig ausrollen, Plätzchen ausstechen, auf ein mit Backpapier belegtes Backblech legen und 12 bis 15 Minuten backen.

Tipp: Teig gekühlt verarbeiten, weil er sonst klebt. Wird er beim Ausrollen bröslig und bricht, mit etwas Milch neu durchkneten.

***Nährwerte/Stück Tarteteig*:**
217 kcal • 3 g Eiweiß • 22 g Kohlenhydrate • 13 g Fett

***Nährwerte/Stück Plätzchenteig*:**
60 kcal • 1 g Eiweiß • 6 g Kohlenhydrate • 4 g Fett

Info: Soll Mürbeteig für eine Füllung dienen, wird er zunächst blindgebacken. So backt er nicht hoch, backt durch und wird knuspriger. Dafür Teig in die Backform einpassen (Bild 1), Löcher hineinstechen (Bild 2), mit Backpapier bedecken und dieses mit trockenen, rohen Hülsenfrüchten (z.B. Erbsen) beschweren (Bild 3). Im vorgeheizten Backofen bei 180 °C 10 Minuten backen, Hülsenfrüchte und Papier entfernen und nach Rezept füllen oder belegen.

1.

2.

3.

Rührteig

Zubereitungszeit Teig: 15 Minuten • Gesamtzeit: 1 Stunde 15 Minuten
Zubereitungszeit Variante: 20 Minuten • Gesamtzeit: 1 Stunde 20 Minuten

Für 1 Kuchen (16 Stücke)

Grundrezept Rührteig:

- 230 g Zucker
- 4 Eier
- 250 g Butter
- 250 g Mehl
- ½ Päckchen Backpulver

Für die Orangen-Kirsch-Variante:

- 1 Vanilleschote
- 200 g Crème fraîche
- 100 g Orangensaft
- 2 EL Backkakao
- 200 g süße Kirschen

Außerdem:

- Kastenform (12 cm x 30 cm)
- Butter für die Form
- Zucker für die Form

1 Rühraufsatz einsetzen. Für den Rührteig Zucker, Eier und Butter in den Mixtopf geben und **3 Minuten/Stufe 4** verrühren. Rühraufsatz entfernen. Mehl und Backpulver in den Mixtopf dazugeben und **20 Sekunden/Stufe 4** verrühren (Bild 1). Den Rührkuchen auf mittlerer Schiene 55 bis 60 Minuten bei 180 °C (Umluft 160 °C, Gas Stufe 2–3) backen. Stäbchenprobe durchführen.

2. Für die Orangen-Kirsch-Variante Backofen auf 180 °C (Umluft 160 °C, Gas Stufe 2–3) vorheizen. Kastenform einfetten und mit Zucker ausstreuen. Eine Hälfte des Teiges beiseite geben. Vanilleschote längs aufschlitzen und das Mark herauskratzen. Vanillemark, Crème fraîche und Orangensaft in den Mixtopf geben und **30 Sekunden/Stufe 4** vermischen. Teig in die Kastenform füllen (Bild 2). Den übrigen Teig mit Backkakao in den Mixtopf geben und **30 Sekunden/Stufe 4** vermischen. Kirschen waschen, entsteinen, in den Mixtopf geben und **10 Sekunden/⟲/Stufe 3** vermischen. Den dunklen Teig auf den anderen Teig in die Kastenform füllen und mit dem Spatel leicht marmorieren (Bild 3). Den Rührkuchen auf mittlerer Schiene 55 bis 60 Minuten backen. Stäbchenprobe durchführen.

Nährwerte/Stück Teig:
250 kcal • 4 g Eiweiß • 26 g Kohlenhydrate • 15 g Fett

Nährwerte/Stück Variante:
314 kcal • 4 g Eiweiß • 29 g Kohlenhydrate • 20 g Fett

1.

2.

3.

Biskuitteig

Zubereitungszeit Teig: 10 Minuten • Gesamtzeit: 25 Minuten
Zubereitungszeit Rolle: 15 Minuten • Gesamtzeit: 25 Minuten + 2 Stunden Kühlzeit

Für 1 Backblech bzw. 1 Rolle (15 Stücke)

Grundrezept Biskuitteig:

- 5 Eier
- 150 g Zucker
- 1 Päckchen Vanillezucker
- 2 EL heißes Wasser
- ½ Päckchen Backpulver
- 130 g Mehl

Für die Biskuitrolle mit Himbeercreme:

- 1 Grundrezept Biskuitteig (siehe oben)
- 350 g gefrorene Himbeeren (TK-Ware)
- 200 g Zucker
- 350 g Mascarpone

Außerdem:

- Backpapier
- 1 Geschirrtuch
- 2 EL Zucker

1. Für den Biskuitteig Rühraufsatz in den Mixtopf einsetzen. Eier, Zucker, Vanillezucker und Wasser dazugeben und **5 Minuten/Stufe 4** schlagen. Backpulver unter das Mehl mischen. Die Mehlmischung in den Mixtopf geben und **5 Sekunden/Stufe 3** unterheben. Zum Backen den Backofen auf 160 °C (Umluft 140 °C, Gas Stufe 1–2) vorheizen. Ein Backblech mit Backpapier auslegen. Den Teig auf das Backblech streichen und auf der mittleren Schiene ca. 12 bis 15 Minuten nach Sicht backen, er soll nicht dunkel werden. Ein Geschirrtuch mit Zucker bestreuen. Den Teig darauf stürzen, Backpapier abziehen, das Tuch an der kurzen Seite anheben und damit den Teig zu einer Rolle aufrollen (Bild 1). Auskühlen lassen.

2. Für die Biskuitrolle Himbeeren – bis auf 10 Stück – in eine Schüssel geben. Zucker in den Mixtopf geben und in **15 Sekunden/Stufe 10** zu Puderzucker mahlen. 2 Esslöffel davon zu den Himbeeren geben, 2 Esslöffel beiseite geben. Mascarpone in den Mixtopf geben und **10 Sekunden/Stufe 3** vermengen. Himbeeren dazugeben, **5 Sekunden/↺/Stufe 2** vermischen. Die Creme kalt stellen, bis die Rolle ausgekühlt ist. Biskuit ausrollen, Creme darauf verteilen (Bild 2). Teig zusammenrollen und ca. 1 Stunde kühl stellen. Die Rolle mit Puderzucker bestreuen. Mit Himbeeren verzieren (Bild 3).

Nährwerte/Stück Teig: *98 kcal • 3 g Eiweiß • 17 g Kohlenhydrate • 2 g Fett*

Nährwerte/Stück Rolle:
253 kcal • 5 g Eiweiß • 32 g Kohlenhydrate • 11 g Fett

Plunderteig

Zubereitungszeit: 1 Stunde • Gesamtzeit: 1 Stunde + 4 Stunden Ruhezeit

Zutaten für 12 Stück

Grundrezept Plunderteig:
- ½ Würfel Hefe
- 300 g Mehl
- 120 g Milch
- 2 EL brauner Zucker
- 2 Prisen Salz
- 1 Ei
- 1 EL Zitronensaft
- 240 g kalte Butter

Außerdem:
- Mehl zum Bestäuben
- Frischhaltefolie

1. Für den Plunderteig Hefe in den Mixtopf bröseln. Mehl, Milch, Zucker, Salz, Ei, Zitronensaft und 60 Gramm Butter dazugeben und **3 Minuten/Knetstufe** kneten. Den Teig herausnehmen, zu einer Platte formen, mit Mehl bestäuben, in Frischhaltefolie packen und mindestens 3 Stunden kalt stellen.

2. Den Teig auf einer bemehlten Arbeitsfläche zu einem etwa 23 x 23 Zentimeter großen Quadrat ausrollen. Die restliche Butter in etwa 1 Zentimeter dünne Scheiben schneiden und die Mitte der Teigplatte damit auslegen (etwa 2/3 des Teiges wird belegt). Teig wie einen Briefumschlag über der Butter zusammenfalten (Bild 1) und gut festdrücken. Teig zu einem Rechteck von etwa 20 x 60 Zentimeter ausrollen, dreifach falten, in Frischhaltefolie wickeln und 30 Minuten kalt stellen. Teig zu einem Rechteck von etwa 20 x 70 Zentimeter ausrollen (Bild 2), vierfach falten (Bild 3), in Frischhaltefolie wickeln und 30 Minuten kalt stellen. Nach Rezeptangaben weiterverarbeiten und backen.

Tipp: Tiefgekühlt hält sich der Teig mindestens 2 bis 3 Monate.

***Nährwerte/Stück**: 261 kcal • 4 g Eiweiß • 21 g Kohlenhydrate • 18 g Fett*

1.

2.

3.

Blätterteig

Zubereitungszeit: 50 Minuten • Gesamtzeit: 1 Stunde + 2 Stunden Ruhezeit

Für 1 Blätterteigrolle (8 Stücke)

Grundrezept schneller Blätterteig:
- 250 g gefrorene Butter
- 300 g Mehl
- 140 g kaltes Wasser
- 1 TL Salz

Außerdem:
- Frischhaltefolie
- Mehl für die Arbeitsfläche

1. Für den Blätterteig Butter in etwa 2 Zentimeter große Stücke schneiden und in den Mixtopf geben. Mehl, Wasser und Salz in den Mixtopf geben und **25 Sekunden/Stufe 5** verrühren. Den Teig in Frischhaltefolie wickeln und für 30 Minuten im Kühlschrank kühlen.

2. Den Teig auf einer bemehlten Arbeitsfläche zu einem langen Rechteck (dreimal so lange wie breit) ausrollen (Bild 1) und zweimal so falten, dass der Teig in Dritteln aufeinanderliegt (Bild 2). In Frischhaltefolie wickeln und erneut 30 Minuten kalt stellen.

3. Teig erneut zu einem langen Rechteck ausrollen, zweimal einklappen (Bild 3), in Frischhaltefolie wickeln und 30 Minuten kalt stellen. Diesen Schritt erneut wiederholen. Den Teig nach Bedarf weiterverarbeiten und backen oder gut verpackt einfrieren.

Tipp: Der Teig lässt sich hervorragend einfrieren. Diesen in Platten, einzeln eingepackt, einfrieren.

***Nährwerte/Stück**: 364 kcal • 4 g Eiweiß • 27 g Kohlenhydrate • 26 g Fett*

1.

2.

3.

Strudelteig

Zubereitungszeit: 15 Minuten (ohne Füllung) • Gesamtzeit: 50 Minuten + 30 Minuten Ruhezeit

Für 1 Strudel (10 Stücke)

Grundrezept Strudelteig:
- 30 g Butter
- 90 g Wasser
- 1 Ei
- 250 g Mehl

Für die Füllung:
- Zutaten nach Wahl (z. B. Birnen-Marzipan siehe Seite 94)

Außerdem:
- Frischhaltefolie
- Backpapier
- Mehl
- 1 dünnes Küchentuch (40 x 60 cm)
- 20 g Butter zum Bestreichen
- 1 EL Paniermehl

1. Für den Strudelteig Butter in den Mixtopf geben und **4 Minuten/50 °C/Stufe 1** schmelzen. 1 Esslöffel der geschmolzenen Butter in eine Schüssel geben. Wasser und Ei in den Mixtopf geben und **10 Sekunden/Stufe 4** vermischen. Mehl dazugeben und **3 Minuten/Knetstufe** kneten. Teig zu einer Kugel formen und in der Schüssel rollen, bis sie mit Butter bedeckt ist (Bild 1). Mit Frischhaltefolie zudecken und 30 Minuten ruhen lassen.

2. Zum Füllen und Backen Backofen auf 200 °C (Umluft 180 °C, Gas Stufe 3–4) vorheizen. Ein Backblech mit Backpapier auslegen. Ein dünnes Küchentuch mit Mehl bestäuben und den Teig darauf hauchdünn auf die Größe des Tuchs ausrollen (Bild 2). Butter zum Bestreichen in den Mixtopf geben und **3 Minuten/50 °C/Stufe 1** schmelzen. Den Teig mit geschmolzener Butter bestreichen und mit Paniermehl bestreuen. Die ausgewählte Füllung auf dem Teig verteilen (Bild 3), dabei zum Rand und nach oben etwas Platz freilassen. Die Ränder einschlagen. Den belegten Teig mithilfe des Tuches in einer Richtung aufrollen und vor dem Verschließen den oberen freien Platz mit Butter bestreichen. Die Rolle vorsichtig auf das Backblech legen. Den Strudel auf der mittleren Schiene des Backofens ca. 30 Minuten backen.

***Nährwerte/Stück Teig**: 118 kcal • 3 g Eiweiß • 18 g Kohlenhydrate • 3 g Fett*

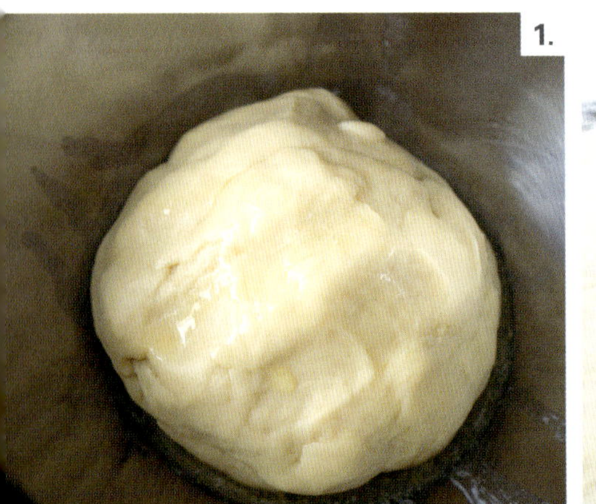
1.

2.

3.

Brandteig

Zubereitungszeit Teig: 15 Minuten
Zubereitungszeit Windbeutel: 15 Minuten • Gesamtzeit: 55 Minuten

Für 15 Windbeutel

Grundrezept Brandteig:
- 90 g Butter
- 250 g Wasser
- 1 Prise Salz
- 200 g Mehl
- 1 TL Backpulver
- 5 Eier

Für die Creme der Windbeutel:
- 80 g Zucker
- 400 g Sahne
- 2 Päckchen Sahnesteif
- 100 g Fruchtfleisch von 1 reifen Mango

Außerdem:
- Spritzbeutel mit Sterntülle (10–12 mm Durchmesser)
- Backpapier

1. Für den Brandteig Butter in Stücke schneiden. Butterstücke, Wasser und Salz in den Mixtopf geben und **4 Minuten/100 °C/ Stufe 1** kochen. Mehl und Backpulver dazugeben und **2 Minuten/Stufe 4** verrühren. Deckel entfernen und die Masse auf 50 °C abkühlen lassen. Am Mixtopf **3 Minuten/Stufe 5** einstellen, einschalten und die Eier nach und nach in das laufende Gerät geben. 2 Minuten weiterlaufen lassen, um alles gut zu verrühren.

2. Für die Windbeutel Backofen auf 170 °C (Umluft 150 °C, Gas Stufe 2) vorheizen. Ein Backblech mit Backpapier auslegen. Teig in einen Spritzbeutel füllen und auf das Backblech ca. 3 x 3 Zentimeter große Häufchen spritzen. Auf der mittleren Schiene des Backofens 20 bis 25 Minuten backen. Nicht vorher öffnen! Mixtopf spülen und trocknen. Zucker in den Mixtopf geben, **10 Sekunden/Stufe 10** pulverisieren und 2 Esslöffel davon beiseite geben. Mango in den Mixtopf geben und **5 Sekunden/Stufe 5** zerkleinern und beiseite geben. Rühraufsatz einsetzen. Sahne und Sahnesteif im Mixtopf auf **Stufe 3,5** so lange schlagen, bis sie fest ist (Bild 1). Rühraufsatz entfernen. Mango in den Mixtopf geben und mit dem Spatel vermischen. Windbeutel durchschneiden (Bild 2), auf die unteren Hälften Creme streichen und die oberen Hälften aufsetzen (Bild 3). Mit Puderzucker bestreuen.

***Nährwerte/Stück Teig**: 59 kcal • 2 g Eiweiß • 5 g Kohlenhydrate • 4 g Fett*

***Nährwerte/Stück Windbeutel**:*
240 kcal • 6 g Eiweiß • 17 g Kohlenhydrate • 16 g Fett

1.

2.

3.

Waffelteig

Zubereitungszeit: 45 Minuten • Gesamtzeit: 1 Stunde + 1 Stunde Ruhezeit

Für 12 Stück

Grundrezept Waffelteig:

- 2 Vanilleschoten
- 70 g Zucker
- ¼ Würfel frische Hefe
- 100 g Butter
- 420 g Milch
- 270 g Mehl
- 1 TL Salz
- 2 Eier

Außerdem:

- 1 Waffeleisen
- Öl zum Einstreichen

1. Für den Waffelteig Vanilleschoten längs aufschlitzen und das Mark herauskratzen. Vanillemark in den Mixtopf geben. Zucker dazugeben und **10 Sekunden/Stufe 10** pulverisieren. 30 Gramm Vanillepuderzucker beiseite geben. Hefe in den Mixtopf bröseln. Butter in Stücke schneiden. Butterstücke und Milch in den Mixtopf geben und **10 Minuten/37 °C/Stufe 1** erwärmen. Mehl, Salz und Eier in den Mixtopf geben und **2 Minuten/Stufe 3** vermischen. Den Teig zudecken und 1 Stunde gehen lassen.

2. Zum Ausbacken der Waffeln das Waffeleisen vorheizen. Die Innenflächen mit Öl bestreichen (Bild 1). Portionsweise Waffeln backen. Dafür jeweils etwa 2 Esslöffel Teig auf das heiße Waffeleisen geben (Bild 2), das Waffeleisen schließen und die Waffeln in 5 bis 6 Minuten goldbraun backen (Bild 3). Die Waffeln vor dem Servieren mit dem beiseite gegebenen Puderzucker bestreuen und nach Wahl mit Früchten oder Sahne servieren.

Tipp: Wenn die Waffeln am Waffeleisen hängen bleiben, wurde es wahrscheinlich zu früh geöffnet. Den Waffeln in diesem Fall noch Zeit zum Backen geben. Ist das Waffeleisen richtig eingefettet? Bei den nächsten Waffeln nochmals nachfetten.

***Nährwerte/Stück**: 202 kcal • 5 g Eiweiß • 24 g Kohlenhydrate • 9 g Fett*

1.

2.

3.

Fettgebäck

Zubereitungszeit: 40 Minuten • Gesamtzeit: 55 Minuten

Für 12 Stück

Grundrezept Fettgebäck:
- 60 g Zucker
- 60 g Butter
- 200 g Wasser
- ¼ TL Salz
- 150 g Mehl
- 1 TL Backpulver
- 3 Eier

Für die Spritzringe:
- 750 g Öl zum Frittieren

Außerdem:
- Spritzbeutel mit Sterntülle (10–12 mm Durchmesser)
- Topf oder Fritteuse

1. Zucker in den Mixtopf geben und **10 Sekunden/Stufe 10** pulverisieren. 3 Esslöffel davon beiseite geben. Butter in Stücke schneiden. Butterstücke, Wasser und Salz in den Mixtopf geben und **4 Minuten/100 °C/Stufe 1** kochen. Mehl und Backpulver in den Mixtopf geben und **2 Minuten/Stufe 4** verrühren.

2. Den Deckel des Mixtopfs abnehmen und die Masse abkühlen lassen, bis die Temperaturanzeige 50 °C angibt. Am Mixtopf **3 Minuten/Stufe 5** einstellen, einschalten und die Eier nach und nach in das laufende Gerät geben. 2 Minuten weiterlaufen lassen, um alles gut zu verrühren.

3. Für die Spritzringe Öl in einem Topf oder in einer Fritteuse auf 170 °C erhitzen, Den Teig in einen Spritzbeutel mit Sterntülle füllen, vorsichtig Schnecken in das Öl spritzen (Bild 1) und für 2 bis 3 Minuten pro Seite goldbraun frittieren (Bild 2). Herausholen und auf Küchenpapier abtropfen lassen (Bild 3). Mit dem beiseite gegebenen Puderzucker bestreuen.

Tipp: Zum Frittieren eignet sich hitzebeständiges, neutrales Öl (z.B. Sonnenblumenöl, Ölmischung zum Frittieren, Rapsöl)

***Nährwerte/Stück**: 122 kcal • 3 g Eiweiß • 14 g Kohlenhydrate • 6 g Fett*

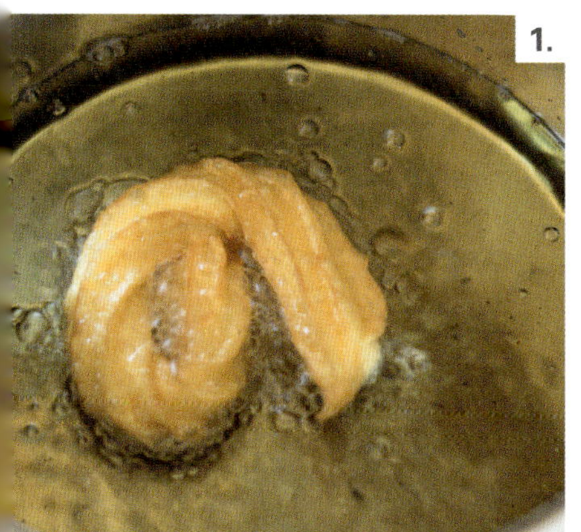
1.

2.

3.

Zuckerguss

Zubereitungszeit: 5 Minuten • Gesamtzeit: 5 Minuten

Für 230 g Zuckerguss

- 200 g Zucker
- 30 g Wasser

1. Zucker in den Mixtopf geben und **20 Sekunden/Stufe 10** pulverisieren.
2. Wasser in den Mixtopf geben und **20 Sekunden/Stufe 3** verrühren.

Tipp: Alternativ mit 30 Gramm Zitronensaft, Rotwein, Kirschsaft oder Ähnlichem anrühren.

***Nährwerte**: 810 kcal • 0 g Eiweiß • 200 g Kohlenhydrate • 0 g Fett*

Frischkäseguss

Zubereitungszeit: 10 Minuten • Gesamtzeit: 10 Minuten + 15 Minuten Ruhezeit

Für z. B. 1 Guglhupf

- 140 g Zucker
- 130 g Butter
- 1 TL Vanillepaste
- 130 g Frischkäse (Doppelrahmstufe)

1. Zucker in den Mixtopf geben und **10 Sekunden/Stufe 10** pulverisieren.
2. Butter und Vanillepaste in den Mixtopf geben und **20 Sekunden/Stufe 4** rühren.
3. Frischkäse in den Mixtopf geben, **15 Sekunden/Stufe 4** verrühren. Mit dem Spatel nach unten schieben und nochmals **10 Sekunden/Stufe 4** verrühren. Für mindestens 15 Minuten im Kühlschrank kühlen.

Tipp: Die Frischkäsemasse vor dem Kühlen nach Bedarf einfärben. Dazu einige Tropfen Saft oder Lebensmittelfarbe unter die Masse rühren.

Info: Vanillepaste gibt es in gut sortierten Supermärkten. Sie ist ein verdünnter Extrakt der Vanilleschote. Ein Teelöffel Vanillepaste entspricht etwa einer Vanilleschote.

***Nährwerte**: 1968 kcal • 16 g Eiweiß • 144 g Kohlenhydrate • 149 g Fett*

Der perfekte Schokoladenguss

Zubereitungszeit: 5 Minuten • Gesamtzeit: 10 Minuten

Für z. B. 1 Guglhupf

- 25 g Kokosfett (z. B. Palmin®)
- 200 g Kuvertüre

1. Kokosfett und Kuvertüre in Stücke brechen, in den Mixtopf geben und **6 Sekunden/Stufe 8** zerkleinern. Mit dem Spatel nach unten schieben und **5 Minuten/50 °C/Stufe 1** schmelzen.

2. Schokoguss gleichmäßig über dem Gebäck verteilen.

Tipp: Die Kuvertüre je nach Geschmack und Gebäck wählen, ob Zartbitter, Vollmilch oder weiße Kuvertüre.

Tipp: Dieser Schokoladenguss ist eine perfeke Schokoladenglasur für Torten und Kuchen aller Art. Bei Plätzchen und Handgebäck lassen wir das Kokosfett weg, damit die Masse stabiler wird und besser trocknet.

Info: Was ist der Unterschied zwischen Kuvertüre und Schokolade? Kuvertüre enthält meist deutlich mehr Fett als Schokolade zum pur Genießen. Dank des höheren Fettanteils ist die Kuvertüre im geschmolzenen Zustand deutlich flüssiger und lässt sich leichter und besser verarbeiten.

***Nährwerte**: 1058 kcal • 23 g Eiweiß • 137 g Kohlenhydrate • 43 g Fett*

REZEPTE

KUCHEN & TORTEN

AUS DEM THERMOMIX®

Regenbogenkuchen (Foto Seite 32)

Zubereitungszeit: 20 Minuten • Gesamtzeit: 1 Stunde 5 Minuten

Für 1 Guglhupf (18 Stücke)

- 350 g Zucker
- 300 g Mehl
- 100 g Orangen-limonade
- 1 Päckchen Backpulver
- 1 Päckchen Vanille-zucker
- 4 Eier

Außerdem:
- Orangenlimonade
- Lebensmittelfarbe
- 1 Guglhupfform (24 cm Durchmesser)
- Rapsöl, Mehl

1. Backofen auf 180 °C (Umluft 160 °C, Gas Stufe 2–3) vorheizen. Eine Guglhupfform einfetten und einmehlen.

2. Zucker in den Mixtopf geben, **30 Sekunden/Stufe 10** pulverisieren und 7 Esslöffel für die Glasur beiseite geben. Mehl, Limonade, Backpulver, Vanillezucker und Eier in den Mixtopf geben und **1 Minute/Stufe 5** vermischen.

3. Teig in fünf Teile teilen und jeweils je nach gewünschter Intensität einfärben. Teige abwechselnd in die Form geben. Den Kuchen auf der mittleren Schiene des Backofens ca. 45 Minuten backen.

4. Für die Glasur den beiseite gegebenen Puderzucker mit etwas Orangenlimonade geschmeidig rühren. Glasur fünfteln und jeweils mit 1 Tropfen Farbe (je nach gewünschter Intensität) einfärben. Kuchen abkühlen lassen und nach Belieben verzieren.

***Nährwerte/Stück**: 207 kcal • 3 g Eiweiß • 32 g Kohlenhydrate • 7 g Fett*

Tassenkuchen

Zubereitungszeit: 10 Minuten • Gesamtzeit: 30 Minuten

Für 4 Stück

- 120 g Weizenmehl Type 550
- 1 TL Backpulver
- 50 g Zucker
- 100 g Milch
- 2 EL Backkakao
- 4 EL Schokolikör
- 4 Rippen Schokolade

Außerdem:
- 4 Tassen
- Butter für die Tassen

1. Backofen auf 180 °C (Umluft 160 °C, Gas Stufe 2–3) vorheizen. Vier hitzebeständige Tassen mit Butter einfetten.

2. Mehl, Backpulver, Zucker, Milch, Backkakao und Schokolikör in den Mixtopf geben und **30 Sekunden/Stufe 4** verrühren.

3. Teig in die Gläser verteilen und in die Mitte des Teiges jeweils ein Stück Schokolade stecken.

4. Die Tassen auf die zweite Schiene von unten in den Backofen stellen und die Küchlein ca. 20 Minuten backen. Noch warm servieren.

***Nährwerte/Stück**: 312 kcal • 7 g Eiweiß • 48 g Kohlenhydrate • 7 g Fett*

Schokobrot

Zubereitungszeit: 20 Minuten • Gesamtzeit: 1 Stunde 20 Minuten + 12 Stunden Ruhezeit

Für 1 Kastenform (12 Stücke)

Für den Teig:
- 130 g Zartbitterkuvertüre
- ¼ Würfel Hefe
- 480 g Weizenmehl Type 550
- 250 g Milch
- 1 TL Salz
- 30 g Butter
- 60 g Zucker
- 1 Ei
- 1 EL Backkakao

Zum Bestreichen:
- 1 Ei
- 50 g Milch
- 1 Prise Salz

Außerdem:
- 1 Geschirrtuch
- 1 Kastenform (24 cm x 12 cm)
- Frischhaltefolie

1. Kuvertüre in den Mixtopf geben und **8 Sekunden/Stufe 8** zerkleinern.

2. Hefe in den Mixtopf bröseln. Mehl, Milch, Salz, Butter, Zucker, Ei und Backkakao dazugeben und **5 Minuten/Knetstufe** zu einem glatten Teig kneten. In eine Schüssel umfüllen, mit einem nassen Geschirrtuch zudecken und 8 Stunden bei Raumtemperatur gehen lassen.

3. Den Teig vorsichtig mit der Hand kneten, zu einem länglichen Laib formen und in die Kastenform legen. Mit Frischhaltefolie zudecken und nochmals 3 bis 4 Stunden gehen lassen.

4. Backofen auf 50 °C Ober- und Unterhitze vorheizen. Folie von der Form abnehmen.

5. Ei, Milch und Salz vermischen und das Brot damit bestreichen. Brot in den Backofen geben und 25 Minuten reifen lassen. Temperatur auf 170 °C (Umluft 150 °C, Gas Stufe 2) erhöhen und das Brot 30 bis 35 Minuten backen.

***Nährwerte/Stück**: 249 kcal • 6 g Eiweiß • 40 g Kohlenhydrate • 7 g Fett*

Eierlikör-Glaskuchen aus dem Varoma

Zubereitungszeit: 10 Minuten • Gesamtzeit: 1 Stunde

Für 5 Stück

- 3 Eier
- 70 g Zucker
- 100 g Rapsöl
- 100 g Eierlikör
- 150 g Mehl
- ½ Päckchen Backpulver

Außerdem:
- 5 Einmachgläser mit Deckel (à 150 ml Inhalt)
- 1400 g heißes Wasser zum Dämpfen

1. Rühraufsatz einsetzen. Eier und Zucker in den Mixtopf geben und **2 Minuten/Stufe 3,5** schlagen.

2. Öl, Eierlikör, Mehl und Backpulver dazugeben und **30 Sekunden/Stufe 3** vermischen.

3. Den Teig in Einmachgläser verteilen, sodass diese halbvoll sind. Rühraufsatz entfernen. Mixtopf spülen.

4. Wasser in den Mixtopf geben, Varoma aufsetzen, Gläser hineinstellen, Deckel der Gläser aufsetzen, den Varomadeckel schließen und **50 Minuten/Varoma/Stufe 1** dämpfen.

5. Gläser langsam auskühlen lassen.

***Nährwerte/Stück**: 448 kcal • 7 g Eiweiß • 40 g Kohlenhydrate • 27 g Fett*

Veganer Kuchen

Zubereitungszeit: 25 Minuten • Gesamtzeit: 1 Stunde 5 Minuten

Für 1 Kuchen (12 Stücke)

- 150 g Zucker
- 300 g Mehl
- 1 Päckchen Backpulver
- 280 g Kokosmilch
- 130 g Ananassaft
- 50 g Kokosraspel
- 200 g Ananas (Dose), in Stücken

Für die Glasur:
- 20 g Kokosmilch
- 20 g Ananassaft

Zum Garnieren:
- 10 g Kokosraspel

Außerdem:
- 1 Kastenform (30 x 12 cm)
- Margarine
- Mehl für die Form

1. Backofen auf 180 °C (Umluft 160 °C, Gas Stufe 2–3) vorheizen. Kastenform einfetten und mit Mehl ausstreuen.
2. Zucker in den Mixtopf geben, **10 Sekunden/Stufe 10** pulverisieren und 4 Esslöffel davon beiseite geben.
3. Mehl, Backpulver, Kokosmilch, Ananassaft und Kokosraspel in den Mixtopf geben und **20 Sekunden/Stufe 5** vermischen.
4. Ananasstückchen dazugeben und **5 Sekunden/⟲/Stufe 4** vermischen. Teig in die Kastenform füllen.
5. Den Kuchen auf der mittleren Schiene des Backofens ca. 40 Minuten backen. Stäbchenprobe machen. Form aus dem Backofen herausnehmen, Kuchen auskühlen lassen und aus der Form lösen.
6. Inzwischen in einer Tasse für die Glasur den beiseite gegebenen Puderzucker mit Kokosmilch und Ananassaft glatt rühren.
7. Die Glasur auf den Kuchen auftragen. Den Kuchen mit Kokosraspeln bestreuen.

***Nährwerte/Stück**: 196 kcal • 3 g Eiweiß • 36 g Kohlenhydrate • 4 g Fett*

Luftiger Käsekuchen mit Erdbeerspiegel

Zubereitungszeit: 45 Minuten • Gesamtzeit: 1 Stunde 45 Minuten + 2 Stunden 30 Minuten Ruhezeit

Für 1 Kuchen (12 Stücke)

Für den Teig:
- 70 g Zucker
- 70 g Butter
- 190 g Mehl
- 1 Ei
- 1 Päckchen Vanillezucker
- 1 TL Backpulver
- 1 Prise Salz

Für die Füllung:
- 1 Vanilleschote
- 500 g Magerquark
- 200 g Naturjoghurt
- 300 g saure Sahne
- 300 g Sahne
- 160 g Zucker
- 3 Eier
- 2 Päckchen Vanille-Puddingpulver (à 37 g)

Für den Überzug:
- 80 g weiße Schokolade
- 300 g Erdbeeren
- 1 gestrichener EL Speisestärke
- 2 EL Wasser

Außerdem:
- 1 Springform (24 cm Durchmesser)
- Butter für die Form

1. Backofen auf 160 °C (Umluft 140 °C, Gas Stufe 1–2) vorheizen. Eine Springform einfetten.

2. Für den Teig Zucker, Butter, Mehl, Ei, Vanillezucker, Backpulver und Salz in den Mixtopf geben und **1 Minute 30 Sekunden/Knetstufe** vermengen.

3. Teig in eine Springform geben, mit den Händen festdrücken und den Rand 2 Zentimeter hochziehen.

4. Für die Füllung Vanilleschote längs aufschneiden und das Mark herauskratzen. Vanillemark, Quark, Joghurt, saure Sahne, Sahne, Zucker, Eier und Puddingpulver in den Mixtopf geben und **2 Minuten/Stufe 5** vermengen.

5. Die Füllung auf dem Teig in der Springform verteilen. Mixtopf spülen.

6. Den Kuchen auf der mittleren Schiene 1 Stunde backen. Danach den Backofen ausschalten und den Kuchen 15 Minuten im geschlossenen Backofen lassen. Ofentür einen Spalt öffnen und den Kuchen weitere 15 Minuten im Backofen auskühlen lassen.

7. Für den Überzug Schokolade in Stücke brechen, in den Mixtopf geben, **5 Sekunden/Stufe 8** zerkleinern und mit dem Spatel nach unten schieben.

8. Erdbeeren waschen, putzen, in den Mixtopf geben und **8 Sekunden/Stufe 5** zerkleinern.

9. Speisestärke mit Wasser verrühren, in den Mixtopf geben und **5 Minuten/90 °C/Stufe 2** erhitzen. Überzug abkühlen lassen und gleichmäßig über dem Kuchen verteilen. Mindestens für 2 Stunden in den Kühlschrank stellen.

***Nährwerte/Stück**: 345 kcal • 10 g Eiweiß • 45 g Kohlenhydrate • 13 g Fett*

Espresso-Tassenkuchen

Zubereitungszeit: 15 Minuten • Gesamtzeit: 50 Minuten

Für 6 Stück

- 180 g brauner Zucker
- 3 Eier
- 150 g Butter
- 200 g Mehl
- ½ Päckchen Backpulver
- 3 EL Backkakao
- 180 g flüssiger Espresso
- 100 g Zartbitter-schokolade
- 100 g Sahne

Außerdem:
- 6 hitzebeständige Tassen (à 250 ml Inhalt)
- Butter/Mehl

1. Backofen auf 180 °C (Umluft 160 °C, Gas Stufe 2–3) vorheizen. Tassen mit Butter einfetten und mit Mehl ausstreuen.

2. Für den Teig Zucker, Eier, Butter, Mehl, Backpulver, 2 Esslöffel Backkakao und 100 Gramm Espresso in den Mixtopf geben und **30 Sekunden/Stufe 5** vermischen. Den Teig bis zur Hälfte der Tassen einfüllen und 33 bis 35 Minuten im Backofen backen.

3. Inzwischen Mixtopf spülen. Für die Sauce Schokolade in Stücke brechen, in den Mixtopf geben, **4 Sekunden/Stufe 8** hacken und dann **3 Minuten/50 °C/Stufe 3** schmelzen. 80 Gramm Espresso, 1 Esslöffel Backkakao und Sahne dazugeben und **30 Sekunden/ Stufe 5** verrühren. Zu den leicht abgekühlten Kuchen servieren.

Tipp: Espresso zubereiten und vor der Verarbeitung auskühlen lassen.

***Nährwerte/Stück**: 948 kcal • 16 g Eiweiß • 97 g Kohlenhydrate • 54 g Fett*

Schnelle Mini-Cheesecakes im Glas

Zubereitungszeit: 15 Minuten • Gesamtzeit: 40 Minuten

Für 4 Stück

- 350 g Magerquark
- 200 g Sahne
- 100 g Zucker
- 1 Päckchen Vanille-Puddingpulver (37 g)
- 2 EL Vanillezucker
- 2 Eier
- 1 Dose Mandarinen (175 g Abtropfgewicht)

Außerdem:
- 4 hitzebeständige Gläser (à 290 ml Inhalt)

1. Backofen auf 180 °C (Umluft 160 °C, Gas Stufe 2–3) vorheizen.

2. Quark, Sahne, Zucker, Vanille-Puddingpulver, Vanillezucker und Eier in den Mixtopf geben und **20 Sekunden/Stufe 3** vermischen. Die Masse in vier hitzebeständige Gläser füllen.

3. Mandarinen abtropfen lassen und auf der Creme verteilen.

4. Die Gläser in die Mitte des Backofens stellen und die Kuchen 25 Minuten backen. Im Glas servieren.

***Nährwerte/Stück**: 428 kcal • 17 g Eiweiß • 46 g Kohlenhydrate • 19 g Fett*

Nutella-Krokant-Torte

Zubereitungszeit: 40 Minuten • Gesamtzeit: 1 Stunde 20 Minuten

Für 1 Torte (12 Stücke)

- 1 Grundrezept Biskuitteig (siehe Seite 21)

Für den Krokant:
- 150 g Zucker
- 150 g Butter
- 150 g gehackte Mandeln

Für die Füllung:
- 600 g Sahne
- 3 Päckchen Sahnesteif
- 200 g Nutella®

Außerdem:
- 1 Springform (24 cm Durchmesser)
- Butter für die Form
- Mehl für die Form
- Backpapier
- 1 Spritztülle

1. Den Biskuitteig zubereiten, wie auf Seite 21 beschrieben. Backofen auf 160 °C (Umluft 140 °C, Gas Stufe 1–2) vorheizen. Die Form einfetten und mit Mehl auskleiden. Den Teig in die Form geben und auf der mittleren Schiene 35 bis 40 Minuten backen. Vorsichtig aus der Form nehmen und auskühlen lassen.

2. Für den Krokant Zucker und Butter in einer Pfanne schmelzen lassen, Mandeln dazugeben und unterrühren. Rühren bis die Masse goldbraun ist – Vorsicht, sie wird schnell zu dunkel. Krokantmasse auf ein Backpapier geben und mit einem Messer glatt streichen. Mit dem Messer 13 Dreiecke von ca. 2 Zentimeter Seitenlänge in die Masse drücken und diese dann erkalten lassen.

3. Rühreinsatz in den Mixtopf geben. Für die Füllung Sahne mit Sahnesteif auf **Stufe 3** schlagen, bis sie fest ist und kalt stellen. Mixtopf spülen.

4. Dreiecke aus dem Krokant brechen. Den restlichen Krokant in Stücken in den Mixtopf geben und **4 Sekunden/Stufe 3** hacken.

5. Den gebackenen Biskuit zweimal mit einem scharfen Messer längs durchschneiden.

6. Den untersten Boden mit Nutella bestreichen und den zweiten Boden darauflegen. Ein Drittel der Sahne mit der Hälfte des gehackten Krokants mischen und auf den zweiten Boden streichen. Den dritten Boden darauflegen.

7. Einen Teil der übrigen Sahne in eine Spritztülle geben und mit der restlichen Sahne die ganze Torte einstreichen. Zwölf Stücke oben markieren und auf jedes Stück und in die Mitte der Torte einen Tupfer Sahne setzen. In jeden Sahnetupfer ein Krokantdreieck stecken. Mit dem restlichen Krokant die Torte außen herum ansprechend dekorieren.

Achtung beim Krokant: Flüssig geschmolzener Zucker wird extrem heiß und kann schlimme Verbrennungen verursachen. Deshalb aufmerksam sein und vorsichtig arbeiten.

Nährwerte/Stück: *539 kcal • 9 g Eiweiß • 40 g Kohlenhydrate • 38 g Fett*

Erdbeer-Rhabarber-Kuchen

Zubereitungszeit: 30 Minuten • Gesamtzeit: 1 Stunde

Für 1 Kuchen (12 Stücke)

- 400 g Rhabarber
- 400 g Erdbeeren
- 1 Vanilleschote
- 3 Eier
- 100 g brauner Zucker
- 80 g Mehl
- 1 Päckchen Backpulver
- 20 g weiche Butter
- 100 g Milch

Außerdem:

- 1 Springform (20 cm Durchmesser)
- Butter für die Form

1. Rhabarber waschen, Enden abschneiden, äußere Schicht abziehen, die Stangen längs zur Faser in feine Streifen schneiden und in ca. 3 Zentimter lange Stücke schneiden.

2. Erdbeeren waschen, putzen und in ca. 0,3 Zentimeter dicke Scheiben schneiden.

3. Backofen auf 200 °C (Umluft 180 °C, Gas Stufe 3–4) vorheizen. Eine Springform einfetten.

4. Vanilleschote längs aufschneiden und das Mark herauskratzen. Vanillemark, Eier und Zucker in den Mixtopf geben und **3 Minuten/Stufe 4** schlagen.

5. Mehl, Backpulver, Butter und Milch dazugeben und **30 Sekunden/Stufe 4** vermischen.

6. Rhabarber und Erdbeeren in den Mixtopf geben und **6 Sekunden/⟲/Stufe 3** vermischen. Den Teig in die Springform einfüllen.

7. Den Kuchen auf der mittleren Schiene des Backofens ca. 30 bis 40 Minuten backen.

***Nährwerte/Stück**: 116 kcal • 3 g Eiweiß • 16 g Kohlenhydrate • 3 g Fett*

Schoko-Nuss-Guglhupf

Zubereitungszeit: 25 Minuten • Gesamtzeit: 1 Stunde 25 Minuten

Für 1 Guglhupf (18 Stücke)

- 200 g Haselnüsse
- 250 g weiche Butter
- 200 g Zucker
- 4 Eier
- 280 g Mehl Type 550
- 1 Päckchen Backpulver
- 2 TL Backkakao
- 1 Prise Salz
- 150 g Milch

Außerdem:
- Guglhupfform
- Butter/Puderzucker

1. Backofen auf 160 °C (Umluft 140 °C, Gas Stufe 1–2) vorheizen. Guglhupfform (24 cm) ausbuttern und mit Zucker ausstreuen.
2. Nüsse im Mixtopf **8 Sekunden/Stufe 7** mahlen und in eine Schüssel geben. Butter, Zucker und Eier in den Mixtopf geben, **3 Minuten/Stufe 5** zu einem schaumigen Vorteig verrühren.
3. Mehl, Backpulver, Backkakao und Salz unter die Nüsse mischen. In den Mixtopf geben und **10 Sekunden/Stufe 3** unterheben. Milch zufügen und **5 Sekunden/Stufe 3** rühren.
4. Teig in die Form füllen und 60 bis 65 Minuten backen. Stäbchenprobe machen. Backofen ausschalten und den Kuchen noch 5 Minuten darin ruhen lassen. Herausholen, abkühlen lassen und vorsichtig aus der Form nehmen. Mit Puderzucker bestreuen.

***Nährwerte/Stück**: 304 kcal • 6 g Eiweiß • 24 g Kohlenhydrate • 20 g Fett*

Low-Carb-Kuchen

Zubereitungszeit: 25 Minuten • Gesamtzeit: 1 Stunde 5 Minuten

Für 1 Kastenform (12 Stücke)

- 200 g Haselnüsse
- 100 g Apfelchips
- 150 g Karotten
- 1 Vanilleschote
- 4 Eier
- 1 EL flüssiger Süßstoff
- 1 EL Maismehl
- 1 Prise Salz, Zimt
- 1 TL Natron

Außerdem:
- 1 Form (12 x 24 cm)
- Butter/Maismehl

1. Backofen auf 160 °C (Umluft 140 °C, Gas Stufe 1–2) vorheizen. Kastenform einfetten und mit Maismehl auskleiden.
2. Äpfel in den Mixtopf geben, **20 Sekunden/Stufe 10** mahlen. Haselnüsse in den Mixtopf geben und **8 Sekunden/Stufe 7** zerkleinern und beiseite geben. Karotten putzen, stückeln, in den Mixtopf geben und **10 Sekunden/Stufe 7** zerkleinern.
3. Vanilleschote aufschneiden und das Mark herauskratzen. Apfel-Nuss-Mischung, Vanillemark, Eier, Süßstoff, Maismehl, Salz, Zimt und Natron dazugeben und **1 Minute/Stufe 4** vermischen.
4. Den Teig in die Kastenform geben und 40 Minuten backen. Auskühlen lassen und vorsichtig aus der Form nehmen.

***Nährwerte/Stück**: 170 kcal • 5 g Eiweiß • 8 g Kohlenhydrate • 13 g Fett*

Apfel-Schoko-Streuselkuchen

Zubereitungszeit: 45 Minuten • Gesamtzeit: 1 Stunde 20 Minuten

Für 1 Backblech (20 Stücke)

Für den Teig:
- 150 g Magerquark
- 50 g Sonnenblumenöl
- 1 Ei
- 300 g Mehl
- 1 Päckchen Backpulver
- 80 g Zucker
- 1 Prise Salz

Für den Belag:
- 1 kg Äpfel
- 10 g Zitronensaft
- 20 g Zucker

Für die Streusel:
- 100 g kalte Butter
- 130 g Mehl
- 20 g Backkakao
- 100 g Zucker
- 1 TL Zimt, gemahlen

Außerdem:
- Backpapier

1. Für den Teig Quark, Öl, Ei, Mehl, Backpulver, Zucker und Salz in den Mixtopf geben und **2 Minuten/Knetstufe** zu einem Teig verarbeiten.

2. Ein Backblech mit Backpapier auslegen und den Teig darauf ausrollen. Backofen auf 180 °C (Umluft 160 °C, Gas Stufe 2–3) vorheizen.

3. Für den Belag Äpfel waschen, schälen, Kerngehäuse entfernen und das Fruchtfleisch in dünne Spalten schneiden. Die Apfelspalten auf dem Teig verteilen, mit Zitronensaft beträufeln und mit Zucker bestreuen.

4. Für die Streusel Butter in grobe Stücke schneiden. Butterstücke, Mehl, Backkakao, Zucker und Zimt in den Mixtopf geben und **10 Sekunden/Stufe 10** vermischen.

5. Die Streusel über die Apfelspalten verteilen. Den Kuchen auf mittlerer Schiene 30 bis 35 Minuten backen.

Variation: Ohne die oben angegebenen 80 Gramm Zucker kann der Quark-Öl-Teig auch sehr gut als Teiggrundlage für pikante Rezepte (z.B. Pizza) verwendet werden. Im Gegensatz zum Pizzateig muss dieser nicht gehen und ist sofort nach dem Rühren einsatzbereit.

***Nährwerte/Stück**: 223 kcal • 4 g Eiweiß • 33 g Kohlenhydrate • 7 g Fett*

Augsburger Zwetschgendatschi

Zubereitungszeit: 25 Minuten • Gesamtzeit: 50 Minuten + 30 Minuten Ruhezeit

Für 1 Backblech (20 Stücke)

Für die Streusel:
- 60 g Zucker
- 50 g kalte Butter
- 100 g Weizenmehl Type 550

Für den Teig:
- ½ Würfel Hefe
- 100 g Butter
- 90 g Zucker
- 100 g Milch
- 400 g Weizenmehl Type 550
- 2 Eier

Für den Belag:
- 1 EL Paniermehl
- 2 EL brauner Zucker
- 1000 g Zwetschgen

Außerdem:
- Backpapier
- Mehl für die Arbeitsfläche

1. Für die Streusel Zucker in den Mixtopf geben und **10 Sekunden/Stufe 10** pulverisieren. Butter und Mehl zufügen und **8 Sekunden/Stufe 10** vermischen. Teig in den Kühlschrank stellen.

2. Für den Teig die Hefe in den Mixtopf bröseln. Butter, Zucker, Milch, Mehl und Eier dazugeben und **2 Minuten/Knetstufe** kneten. Den Teig in eine Schüssel geben, zudecken und 30 Minuten gehen lassen.

3. Ein Backblech mit Backpapier auslegen. Teig auf einer bemehlten Arbeitsfläche ausrollen und auf das Backblech legen.

4. Paniermehl und Zucker vermischen und gleichmäßig auf dem ausgerollten Teig verteilen.

5. Backofen auf 200 °C (Umluft 180 °C, Gas Stufe 3–4) vorheizen.

6. Zwetschgen waschen, entsteinen, längs halbieren und die Hälften etwas in der Mitte einschneiden, sodass sie sich auffächern können. Zwetschgenhälften auf den Teig legen.

7. Streusel über den Zwetschgen verteilen. Den Kuchen auf der mittleren Schiene des Backofens 25 Minuten backen.

***Nährwerte/Stück**: 156 kcal • 2 g Eiweiß • 20 g Kohlenhydrate • 7 g Fett*

Veganer Blechkuchen

Zubereitungszeit: 10 Minuten • Gesamtzeit: 40 Minuten

Für 1 Backblech (20 Stücke)

- 300 g brauner Zucker
- 500 g Soja-Drink
- 150 g Rapsöl
- 350 g Mehl
- 1 Päckchen Backpulver
- 500 g Beerenmischung (TK-Ware)

Außerdem:
- Backpapier
- Puderzucker

1. Backofen auf 180 °C (Umluft 160 °C, Gas Stufe 2–3) vorheizen. Ein Backblech mit Backpapier auslegen.
2. Zucker in den Mixtopf geben, **10 Sekunden/Stufe 10** pulverisieren und 2 Esslöffel zum Bestreuen beiseite geben.
3. Soja-Drink, Öl, Mehl und Backpulver in den Mixtopf geben und **20 Sekunden/Stufe 4** vermischen.
4. Die Masse auf das Backblech geben. Beerenmischung daraufverteilen. Kuchen auf der mittleren Schiene des Backofens 30 Minuten backen. Auskühlen lassen und mit Puderzucker bestreuen.

***Nährwerte/Stück**: 205 kcal • 3 g Eiweiß • 29 g Kohlenhydrate • 8 g Fett*

Zitronen-Mandel-Kuchen

Zubereitungszeit: 25 Minuten • Gesamtzeit: 50 Minuten

Für 1 Backblech (20 Stücke)

- 250 g Butter
- 6 Eier
- 220 g Zucker
- 2 unbehandelte Zitronen
- 100 g gehobelte Mandeln
- 250 g Mehl
- ½ Päckchen Backpulver
- 1 Prise Salz

1. Backofen auf 160 °C (Umluft 140 °C, Gas Stufe 1–2) vorheizen. Ein Backblech mit Backpapier auslegen.
2. Rühraufsatz einsetzen. Butter, Eier und Zucker in den Mixtopf geben und **2 Minuten/Stufe 3,5** verrühren. Zitronen waschen, Schale abreiben und Saft auspressen.
3. Rühraufsatz entfernen, Mandeln, Mehl, Backpulver, Salz, Zitronenschale und -saft in den Mixtopf geben und **30 Sekunden/Stufe 3,5** vermischen.
4. Teig auf das Backblech streichen und 25 Minuten backen.

Tipp: Vor dem Backen mit Zimt/Zucker bestreuen. Oder Zitronensaft mit Puderzucker süßen und auf den warmen Kuchen streichen.

***Nährwerte/Stück**: 258 kcal • 5 g Eiweiß • 26 g Kohlenhydrate • 15 g Fett*

Vollwertkuchen mit Aprikosen und Mandeln

Zubereitungszeit: 15 Minuten • Gesamtzeit: 1 Stunde

Für 1 Kuchen (12 Stücke)

- 140 g Weizenkörner
- 100 g blanchierte Mandeln
- 3 Eier
- 130 g Butter
- 60 g Zucker
- ½ TL Backpulver
- 2 EL Marillenlikör
- 600 g Aprikosen (Dose, 480 g Abtropfgewicht)

Zum Garnieren:
- 80 g weiße Schokolade

Außerdem:
- 1 Springform (24 cm Durchmesser)
- Butter für die Form

1. Backofen auf 180 °C (Umluft 160 °C, Gas Stufe 2–3) vorheizen. Eine Springform einfetten.
2. Weizenkörner in den Mixtopf geben, **35 Sekunden/Stufe 10** mahlen und das entstandene Mehl beiseite geben.
3. Mandeln in den Mixtopf geben, **4 Sekunden/Stufe 6** hacken und beiseite geben.
4. Rühraufsatz einsetzen. Eier, Butter und Zucker in den Mixtopf geben und **3 Minuten/Stufe 5** schaumig rühren.
5. Mehl, Backpulver und Marillenlikör dazugeben und **10 Sekunden/Stufe 3** vermischen. Rühraufsatz entfernen.
6. Den Teig in die Form füllen und glatt streichen. Aprikosen abtropfen und daraufverteilen. Mit den gehackten Mandeln bestreuen.
7. Den Kuchen auf der mittleren Schiene des Backofens 45 Minuten backen. Herausnehmen und abkühlen lassen.
8. Mixtopf spülen. Schokolade in Stücke schneiden, in den Mixtopf geben, **2 Minuten/85 °C/Stufe 1** schmelzen und mit einem Löffel streifig über den abgekühlten Kuchen verteilen.

***Nährwerte/Stück**: 288 kcal • 6 g Eiweiß • 25 g Kohlenhydrate • 17 g Fett*

Bananen-Biskuitrolle

Zubereitungszeit: 25 Minuten • Gesamtzeit: 50 Minuten + 1 Stunde Kühlzeit

Für 1 Biskuitrolle (15 Stücke)

Für den Biskuitteig:
- 170 g Zucker (inklusive des Zuckers zum Bestreuen)
- 5 Eier
- 1 Päckchen Vanillezucker
- 2 EL heißes Wasser
- ½ Päckchen Backpulver
- 130 g Mehl

Für die Füllung:
- 460 g Sahne
- 2 Päckchen Sahnesteif
- 200 g Nugat
- 10 g Puderzucker (ergibt sich von oben)
- 2 Bananen

Außerdem:
- Backpapier
- 1 Geschirrtuch

1. Backofen auf 160 °C (Umluft 140 °C, Gas Stufe 1–2) vorheizen. Ein Backblech mit Backpapier auslegen.
2. Zucker **10 Sekunden/Stufe 10** pulverisieren und 2 Esslöffel des entstandenen Puderzuckers zum Bestreuen beiseite geben.
3. Rühraufsatz einsetzen. Eier, Vanillezucker und heißes Wasser in den Mixtopf geben und **5 Minuten/Stufe 4** schlagen.
4. Das Backpulver unter das Mehl mischen, die Mischung in den Mixtopf geben und **5 Sekunden/Stufe 3** unterheben.
5. Teig auf das Backblech streichen und auf der mittleren Schiene des Backofens 12 bis 15 Minuten backen. Mixtopf spülen.
6. Rühraufsatz in den kalten Mixtopf einsetzen, 400 Gramm Sahne mit Sahnesteif auf **Stufe 3,5** unter Beobachtung aufschlagen, bis sie fest ist. In eine Schüssel füllen und in den Kühlschrank stellen. Mixtopf spülen. Rühraufsatz entfernen.
7. Den Kuchen auf ein Geschirrtuch stürzen, Backpapier abziehen. Den gebackenen Teig mit dem Geschirrtuch zu einer Rolle aufrollen. Die Biskuitrolle auskühlen lassen.
8. Nugat in Stücke schneiden. Nugatstücke und 60 Gramm Sahne in den Mixtopf geben und **4 Minuten/37 °C/Stufe 1** zu einer glatten Masse verrühren.
9. Den ausgekühlten Biskuit ausrollen und mit der Nugatcreme bestreichen. Die Bananen schälen, in Scheiben schneiden, vorsichtig unter die Sahne mischen und diese dann auf dem Biskuit verteilen. Den belegten Teig vorsichtig zusammenrollen und für 1 Stunde in den Kühlschank geben.
10. Mit dem beiseite gegebenen Puderzucker bestreuen.

***Nährwerte/Stück**: 378 kcal • 9 g Eiweiß • 48 g Kohlenhydrate • 17 g Fett*

Himbeertorte ohne Backen

Zubereitungszeit: 30 Minuten • Gesamtzeit: 30 Minuten + 2 Stunden Kühlzeit

Für 1 Torte (12 Stücke)

Für den Boden:
- 190 g Vollkorn-Butterkekse
- 100 g Butter
- 20 g Zucker
- 2 TL Backkakao

Für die Füllung:
- 30 g weißes Gelatinepulver
- 600 g Frischkäse Rahmstufe (>50 % Fett)
- 200 g Sauerrahm
- 150 g Zucker
- 2 TL Vanillezucker
- 600 g Himbeeren

Für den Guss:
- 1 Päckchen roter Tortenguss
- 125 g Wasser
- 125 g Traubensaft
- 30 g Zucker

Außerdem:
- Backpapier
- 1 Kuchenplatte
- Rand von 1 Springform (26 cm Durchmesser)

1. Für den Boden Kekse in den Mixtopf geben, **5 Sekunden/Stufe 5** zerkleinern und beiseite geben.

2. Butter in Stücke schneiden, in den Mixtopf geben und **2 Minuten/80 °C/Stufe 1** schmelzen.

3. Keksbrösel, Zucker und Backkakao in den Mixtopf geben und **10 Sekunden/Stufe 3** verrühren.

4. Backpapier auf eine Kuchenplatte legen und einen Springformrand daraufsetzen. Die Keksmasse darin verteilen und festdrücken. Den Keksboden in den Kühlschrank stellen. Mixtopf spülen.

5. Für die Füllung Gelatine nach Packungsangabe auflösen. Frischkäse, Sauerrahm und Gelatine in den Mixtopf geben und **30 Sekunden/Stufe 3** vermischen.

6. Zucker und Vanillezucker zufügen und **18 Sekunden/Stufe 4** vermischen. Nahezu alle Himbeeren dazugeben und mit dem Spatel vorsichtig unterheben. Die Masse auf den Keksboden geben und 1 Stunde im Kühlschrank fest werden lassen.

7. Für den Guss das Tortengusspulver nach Anleitung mit Wasser, Traubensaft und Zucker zubereiten und über die Torte geben. Die Torte mit den restlichen Himbeeren garnieren.

8. Die Torte vor dem Servieren für mindestens 1 Stunde im Kühlschrank kalt stellen.

9. Backpapier vorsichtig herausziehen, den Springformrand mit einem Messer lösen und entfernen.

***Nährwerte/Stück**: 457 kcal • 10 g Eiweiß • 34 g Kohlenhydrate • 30 g Fett*

Pfirsichtarte

Zubereitungszeit: 20 Minuten • Gesamtzeit: 35 Minuten + 3 Stunden 30 Minuten Ruhezeit

Für 1 Tarte (12 Stücke)

- 4 Pfirsiche
- 50 g Pfirsichlikör
- 80 g Zucker
- 100 g kalte Butter
- 180 g Weizenmehl Type 550
- 1 Prise Salz
- 30 g Wodka
- 30 g Wasser
- 200 g saure Sahne
- 3 Eier

Außerdem:
- Frischhaltefolie
- 1 Tarteform (27 cm Duchmesser)
- Mehl zum Bearbeiten

1. Pfirsiche waschen, halbieren, Kerne entfernen und das Fruchtfleisch in ca. 0,5 Zentimeter dicke Spalten schneiden. Pfirsichspalten 2 Stunden in Pfirsichlikör einlegen.
2. Zucker in den Mixtopf geben und **10 Sekunden/Stufe 10** pulverisieren. 50 Gramm Puderzucker beiseite geben.
3. Butter in Stücke schneiden. Butterstücke, Mehl, Salz, Wodka und Wasser in den Mixtopf geben und **1 Minute/Knetstufe** kneten.
4. Die Hälfte des Teiges in Frischhaltefolie einwickeln und für 1 Stunde in den Kühlschrank geben.
5. Den Teig aus dem Kühlschrank nehmen, auf einer Arbeitsfläche mit viel Mehl rund ausrollen und in die Tarteform drücken. Mit Frischhaltefolie zudecken und für 30 Minuten kalt stellen.
6. Gegen Ende der Kühlzeit Backofen auf 220 °C (Umluft 200 °C, Gas Stufe 4–5) vorheizen.
7. Saure Sahne, Eier und 40 Gramm des beiseite gegebenen Puderzuckers zum restlichen Teig in den Mixtopf geben, **15 Sekunden/Stufe 5** vermischen und in die Tarteform gießen. Pfirsichspalten in der Tarteform verteilen.
8. Die Pfirsichtarte 15 Minuten auf der mittleren Schiene des Backofens backen.
9. Tarte abkühlen lassen und mit dem beiseite gegebenen Puderzucker bestäuben.

***Nährwerte/Stück**: 280 kcal • 4 g Eiweiß • 22 g Kohlenhydrate • 18 g Fett*

REZEPTE

SÜSSES GEBÄCK

AUS DEM THERMOMIX®

Johannisbeermuffins (Foto Seite 66)

Zubereitungszeit: 20 Minuten • Gesamtzeit: 50 Minuten

Für 12 Stück

Für den Teig:
- 250 g Johannisbeeren
- 230 g Zucker
- 350 g Mehl
- ½ Päckchen Backpulver
- 1 Prise Salz
- 2 Eier
- 70 g Butter
- 250 g Buttermilch

Außerdem:
- 1 Muffinblech
- Öl/Mehl

1. Backofen auf 180 °C (Umluft 160 °C, Gas Stufe 2–3) vorheizen. Muffinblech einfetten und einmehlen. Johannisbeeren putzen.
2. Zucker in den Mixtopf geben, **10 Sekunden/Stufe 10** pulverisieren und 2 Esslöffel davon beiseite geben.
3. Mehl, Backpulver, Salz, Eier, Butter und Buttermilch in den Mixtopf geben und **30 Sekunden/Stufe 5** verrühren.
4. Muffinmulden zur Hälfte mit Teig füllen, je ein paar Johannisbeeren einrühren, mit Teig bedecken und mit Beeren garnieren. Muffins 17 bis 20 Minuten backen. 10 Minuten in der Form abkühlen lassen. Herausnehmen und mit Puderzucker bestreuen.

***Nährwerte/Stück**: 253 kcal • 5 g Eiweiß • 42 g Kohlenhydrate • 6 g Fett*

Party-Amerikaner

Zubereitungszeit: 45 Minuten • Gesamtzeit: 1 Stunde

Für 25 Stück

- 390 g Zucker
- 1 EL Vanillezucker
- 130 g Butter
- 3 Eier
- 1 Prise Salz
- 520 g Mehl Type 550
- 1 Päckchen Backpulver
- 250 g Milch
- 6 EL Zitronensaft

Außerdem:
- Backpapier
- Lebensmittelfarbe
- Zuckerstreusel

1. Zucker und Vanillezucker in den Mixtopf geben, **30 Sekunden/Stufe 10** pulverisieren und 260 Gramm Puderzucker für den Guss beiseite geben. Backofen auf 180 °C (Umluft 160 °C, Gas Stufe 2–3) vorheizen. Zwei Backbleche mit Backpapier auslegen.
2. Für den Teig Butter in den Mixtopf geben und **1 Minute/Stufe 3** verrühren. Eier, Salz, Mehl, Backpulver und Milch dazugeben und **30 Sekunden/Stufe 4** verrühren. Den Teig mithilfe von zwei Teelöffeln als kleine Häufchen (25 Stück) auf die Backbleche setzen; dabei etwas Abstand zueinander halten, da der Teig beim Backen auseinanderläuft. In 12 bis 15 Minuten goldgelb backen.
3. Für den Guss Puderzucker mit Zitronensaft glatt verrühren und nach Wunsch einfärben. Die ausgekühlten Amerikaner damit auf ihrer flachen Seite bestreichen und mit Zuckerstreuseln verzieren.

***Nährwerte/Stück**: 119 kcal • 1 g Eiweiß • 16 g Kohlenhydrate • 5 g Fett*

Heidelbeer-Cupcakes

Zubereitungszeit: 30 Minuten • Gesamtzeit: 50 Minuten + 1 Stunde 10 Minuten Kühlzeit

Für 12 Stück

Für die Cupcakes:

- 190 g Zucker
- 260 g Weizenmehl Type 550
- 1 Päckchen Backpulver
- ½ TL Salz
- 180 g weiche Butter
- 2 Vanilleschoten
- 3 Eier
- 180 g Milch
- 100 g Heidelbeeren

Für die Creme:

- 150 g Heidelbeeren
- 300 g Mascarpone
- 300 g Magerquark
- 40 g Zucker

Zum Garnieren:

- 50 g Heidelbeeren

Außerdem:

- 1 Muffinblech
- Öl
- Mehl
- Spritzbeutel mit glatter Tülle

1. Für den Teig Zucker, Mehl, Backpulver und Salz in den Mixtopf geben und **10 Sekunden/Stufe 5** vermischen.

2. Backofen auf 180 °C (Umluft 160 °C, Gas Stufe 2–3) vorheizen.

3. Butter in Stücke schneiden, in den Mixtopf geben und **30 Sekunden/Stufe 5** verrühren.

4. Vanilleschoten längs aufschlitzen, das Mark herauskratzen und in den Mixtopf geben. Eier und Milch dazugeben und **1 Minute/Stufe 5** verrühren.

5. Die Heidelbeeren in den Mixtopf geben und **6 Sekunden/↺/Stufe 4** verrühren.

6. Muffinblech mit Öl einfetten und mit Mehl auskleiden; dabei das überschüssige Mehl aus dem Backblech abklopfen. Die Aussparungen der Form zu jeweils drei Viertel mit Teig füllen.

7. Die Cupcakes auf der mittleren Schiene des Backofens 17 bis 20 Minuten backen. Aus dem Backofen nehmen, 10 Minuten im Muffinblech abkühlen lassen, dann herauslösen und vollständig abkühlen lassen.

8. Inzwischen Mixtopf abspülen. Für die Creme Heidelbeeren in den Mixtopf geben und **5 Sekunden/Stufe 4** zerkleinern.

9. Mascarpone, Magerquark und Zucker dazugeben und **40 Sekunden/Stufe 3** verrühren.

10. Die Creme in einen Spritzbeutel mit glatter Tülle füllen und auf die Cupcakes spritzen. Cupcakes mit Heidelbeeren garnieren.

Tipp: Das Muffinblech mit Muffinförmchen aus Papier oder Silikon auslegen, anstatt es einzufetten.

***Nährwerte/Stück**: 422 kcal • 9 g Eiweiß • 39 g Kohlenhydrate • 25 g Fett*

Blondies und Brownies

Zubereitungszeit Blondies: : 15 Minuten • Gesamtzeit: 45 Minuten
Zubereitungszeit Brownies: 20 Minuten • Gesamtzeit: 1 Stunde

Für je 1 Backblech (20 Stücke)

Für die Blondies:
- 200 g weiße Kuvertüre
- 160 g Butter
- 3 Eier
- 130 g brauner Zucker
- 1 Päckchen Vanillezucker
- 200 g Mehl
- 20 Doppelkekse mit Füllung (z. B. Oreo®)

Für die Brownies:
- 400 g Zartbitterkuvertüre
- 130 g Butter
- 6 Eier
- 350 g Zucker
- 1 Päckchen Vanillezucker
- 190 g Mehl

Für die Creme:
- 200 g Frischkäse (Doppelrahmstufe)
- 200 g Schmand
- 50 g Zucker
- 10 g Stärke

Außerdem:
- Backpapier
- 30 Schaumzuckererdbeeren (z. B. Haribo Primavera®)

1. Für Blondies bzw. Brownies Kuvertüre in Stücke brechen, in den Mixtopf geben und **5 Sekunden/Stufe 8** zerkleinern.

2. Butter in grobe Stücke schneiden und in den Mixtopf dazugeben, Sowohl für Blondies als auch für Brownies **5 Minuten/50 °C/Stufe 1** schmelzen und beiseite geben.

3. Backofen auf 170 °C (Umluft 150 °C, Gas Stufe 2) vorheizen. Je ein Backblech mit Backpapier auslegen.

4. Rühraufsatz einsetzen. Eier, Zucker und Vanillezucker in den Mixtopf geben, **6 Minuten/37 °C/Stufe 4** schaumig schlagen.

5. **1 Minute/Stufe 4** verrühren und dabei die Kuvertüre durch die Deckelöffnung in den Mixtopf laufen lassen. **1 Minute/Stufe 4** verrühren. Mehl durch die Deckelöffnung dazugeben.

6. Für die Blondies die Schokomasse auf dem Backblech verteilen und die Kekse gleichmäßig darauf aufreihen. Das Backblech auf die unterste Schiene des Backofens schieben und die Schokomasse 25 bis 30 Minuten backen. Aus dem Backofen holen, in Quadrate mit je einem Keks schneiden und auskühlen lassen.

7. Für die Brownies die Schokomasse auf dem Backblech verteilen. Das Backblech auf die unterste Schiene des Backofens schieben und die Schokomasse 25 bis 30 Minuten backen. Anschließend in Quadrate mit ca. 6 Zentimeter Kantenlänge schneiden und auskühlen lassen. Inzwischen Mixtopf spülen. Für die Creme Frischkäse, Schmand, Zucker und Stärke in den Mixtopf geben und **20 Sekunden/Stufe 4** vermischen. Schaumzuckererdbeeren halbieren. Auf die ausgekühlten Brownies jeweils etwas Creme setzen und mit Schaumzuckererdbeeren garnieren.

Info: Die Zubereitung Blondies/Brownies erfolgt bis Step 5 analog.

Nährwerte/Stück Blondies:
235 kcal • 4 g Eiweiß • 25 g Kohlenhydrate • 13 g Fett

Nährwerte/Stück Brownies:
372 kcal • 7 g Eiweiß • 48 g Kohlenhydrate • 16 g Fett

Cakepops

Zubereitungszeit: 40 Minuten • Gesamtzeit: 1 Stunde 20 Minuten + 1 Stunde Ruhezeit

Für 30 Stück

Für den Teig:
- 160 g Zucker
- 200 g weiche Butter
- 3 Eier
- 240 g Mehl
- ½ Päckchen Backpulver
- 100 g Sekt
- 20 g Blue Curaçao

Für die Creme:
- 60 g Butter
- 80 g Frischkäse mit wenig Salz
- 20 g Sekt
- 20 g Blue Curaçao

Für die Glasur:
- 200 g weiße Kuvertüre
- 20 g Kokosfett

Zum Garnieren:
- Zuckerstreusel (Blau, Grün, Pink, Weiß)

Außerdem:
- 1 Kastenform (24 x 12 cm)
- Butter für die Form
- 1 hohes Glas
- 30 Lolliesticks

1. Backofen auf 180 °C (Umluft 160 °C, Gas Stufe 2–3) vorheizen. Kastenform einfetten.
2. Für den Teig Zucker, Butter und Eier **3 Minuten/Stufe 7** schlagen.
3. Mehl, Backpulver, Sekt und Blue Curaçao dazugeben und **10 Sekunden/Stufe 4** vermischen.
4. Den Teig in die Kastenform einfüllen und auf der mittleren Schiene des Backofens ca. 40 Minuten backen. Mixtopf spülen.
5. Inzwischen für die Creme Butter, Frischkäse, Sekt und Blue Curaçao in den Mixtopf geben und **20 Sekunden/Stufe 3** verrühren. Die Creme in eine Schüssel umfüllen und bis zur weiteren Verarbeitung im Kühlschrank aufbewahren.
6. Kuchen abkühlen lassen, aus der Form nehmen und harte Ränder entfernen.
7. Den gebackenen Teig zerbröseln. Teigbrösel in den Mixtopf zur Creme geben und **1 Minute/Knetstufe** kneten.
8. Aus dem Teig ca. 3 Zentimeter große Kugeln formen und diese für 1 Stunde im Kühlschrank kühlen.
9. Inzwischen Mixtopf spülen. Für die Glasur Kuvertüre in Stücke brechen. Kuvertürestücke und Kokosfett in den Mixtopf geben, **4 Sekunden/Stufe 8** zerkleinern und **3 Minuten/50 °C/Stufe 2** schmelzen. Glasur in ein hohes Glas füllen.
10. Die Lolliesticks 1 Zentimeter tief in die Glasur tauchen, danach in eine Kugel stecken und kurz fest werden lassen. Anschließend die Kugel komplett mit Glasur bedecken, mit Zuckerstreuseln bestreuen und trocknen lassen.

Tipp: Um die Cakepops trocknen zu lassen, kann man sie in ein Stück Styropor oder einen Karton mit kleinen Löchern stecken.

Nährwerte/Stück: *172 kcal • 3 g Eiweiß • 17 g Kohlenhydrate • 10 g Fett*

Schokowaffeln mit Blaubeeren

Zubereitungszeit: 45 Minuten • Gesamtzeit: 1 Stunde + 1 Stunde Ruhezeit

Für 12 Stück

- 90 g Zucker
- 150 g Zartbitterkuvertüre
- ¼ Würfel frische Hefe
- 100 g Butter
- 30 g Backkakao
- 420 g Milch
- 270 g Mehl
- 2 Eier
- 1 TL Salz
- 150 g gefrorene Waldheidelbeeren (TK-Ware)

Außerdem:
- 1 Waffeleisen
- Raps- oder Sonnenblumenöl zum Einfetten

1. Zucker in den Mixtopf geben und **10 Sekunden/Stufe 10** pulverisieren.

2. Kuvertüre in Stücke brechen, in den Mixtopf geben und **4 Sekunden/Stufe 8** zerkleinern. Mit dem Spatel nach unten schieben und **4 Minuten/50 °C/Stufe 2** schmelzen.

3. Hefe in den Mixtopf bröseln. Butter in Stücke schneiden. Butterstücke, Backkakao, Milch, Mehl, Eier und Salz dazugeben und **2 Minuten/Stufe 3** vermischen. Den Teig in eine Schüssel umfüllen, zudecken und 1 Stunde gehen lassen.

4. Das Waffeleisen vorheizen. Die Innenflächen mit Öl bestreichen.

5. Heidelbeeren mit dem Spatel vorsichtig unter den Teig rühren. Portionsweise Waffeln backen. Dafür jeweils 2 Esslöffel Teig auf das heiße Waffeleisen geben, das Waffeleisen schließen und die Waffeln in 5 bis 6 Minuten goldbraun backen.

Info: Blaubeeren werden auch Heidelbeeren genannt, da sie die Früchte eines Heidekrautgewächses sind.

***Nährwerte/Stück**: 277 kcal • 7 g Eiweiß • 25 g Kohlenhydrate • 11 g Fett*

Eiswaffeln

Zubereitungszeit: 10 Minuten • Gesamtzeit: 45 Minuten

Für 20 Stück

- 100 g brauner Zucker
- 100 g Butter
- 1 EL Vanillezucker
- 1 Ei
- 110 g Wasser
- 180 g Weizenmehl Type 550

Außerdem:

- 1 Eishörnchen-Waffeleisen
- 1 Geschirrtuch

1. Zucker in den Mixtopf geben, **10 Sekunden/Stufe 10** pulverisieren und beiseite geben.
2. Butter in Stücke schneiden, in den Mixtopf geben und **3 Minuten/50 °C/Stufe 3** rühren.
3. Zucker, Vanillezucker, Ei, Wasser und Mehl in den Mixtopf geben und **30 Sekunden/Stufe 5** vermischen.
4. Waffeleisen aufheizen, Teig gemäß Bedienungsanleitung zu Waffeln backen und diese sofort mithilfe eines Geschirrtuches – zum eigenen Schutz vor der Hitze – zu Eistüten rollen oder in eine andere gewünschte Form (z. B. Schälchen oder Bechern) bringen.

***Nährwerte/Stück**: 95 kcal • 1 g Eiweiß • 12 g Kohlenhydrate • 5 g Fett*

Quark-Erdbeer-Eis

Zubereitungszeit: 25 Minuten • Gesamtzeit: 35 Minuten + 5 Stunden Gefrierzeit

Für 8 Portionen

- 250 g Erdbeeren
- 1 Päckchen Vanillezucker
- 200 g Sahne
- 4 Eigelb
- 140 g brauner Zucker
- 500 g Quark (40 % Fett i.Tr.)

Außerdem:

- gefrierfeste Form oder Eismaschine

1. Erdbeeren putzen, waschen, in kleine Würfel schneiden und in einer Schüssel mit Vanillezucker verrühren. Kalt stellen.
2. Sahne, Eigelb und Zucker in den Mixtopf geben und **10 Minuten/80 °C/Stufe 2** erwärmen.
3. Quark dazugeben und **15 Sekunden/Stufe 3** verrühren.
4. Eismasse im Kühlschrank abkühlen lassen. Erdbeeren dazugeben und einrühren. Die Masse in eine gefrierfeste Form geben und mindestens 5 Stunden einfrieren. Alternativ in einer Eismaschine gefrieren.

Tipp: Während der Gefrierzeit regelmäßig durchrühren, damit die Eiscreme cremig wird.

***Nährwerte/Portion**: 295 kcal • 9 g Eiweiß • 22 g Kohlenhydrate • 18 g Fett*

Whoopies mit Minzcreme

Zubereitungszeit: 45 Minuten • Gesamtzeit: 1 Stunde + 1 Stunde Ruhezeit

Für 15 Stück

Für den Teig:
- 160 g brauner Zucker
- 70 g weiche Butter
- ½ Päckchen Vanillezucker
- 20 g Milch
- 120 g Naturjoghurt (3,5 % Fett)
- 1 Ei
- 200 g Mehl
- 1 TL Natron
- ¼ TL Backpulver
- 70 g Backkakao

Für die Füllung:
- 100 g brauner Zucker
- 30 g Schokoplättchen mit Pfefferminzgeschmack (z. B. After Eight®)
- 100 g weiche Butter
- 50 g Frischkäse (Doppelrahmstufe)
- 3 Tropfen Lebensmittelfarbe (Grün)

Außerdem:
- 1 hitzebeständiges Gefäß
- Backpapier

1. Den gesamten Zucker (260 Gramm für Teig und Füllung) in den Mixtopf geben, **15 Sekunden/Stufe 10** pulverisieren und den entstandenen Puderzucker beiseite geben.

2. Für den Teig Butter in den Mixtopf geben und **4 Minuten/50 °C/Stufe 2** schmelzen.

3. Vanillezucker, Milch, Joghurt, Ei und 160 Gramm Puderzucker in den Mixtopf geben und **15 Sekunden/Stufe 4** verrühren.

4. Mehl, Natron, Backpulver und Backkakao dazugeben und **20 Sekunden/Stufe 4** verrühren. Den Teig in eine Schüssel füllen und für 30 Minuten in den Kühlschrank stellen.

5. Für die Füllung die Schokoplättchen in den Mixtopf geben und **5 Sekunden/Stufe 7** zerkleinern. Die restlichen 100 Gramm Puderzucker, weiche Butter, Frischkäse und Lebensmittelfarbe in den Mixtopf geben und **8 Sekunden/Stufe 5** vermischen. Die Füllung für 30 Minuten in den Kühlschrank geben.

6. Backofen auf 160 °C (Umluft 140 °C, Gas Stufe 1–2) vorheizen. Ein hitzebeständiges Gefäß mit Wasser in den Backofen stellen. Ein Backblech mit Backpapier auslegen.

7. Den Teig portionsweise entnehmen, in der angefeuchteten Handfläche Kugeln drehen, diese dann zu Talern flach drücken (Durchmesser ca. 4 Zentimeter) und auf das Backblech legen. Zwischen den Teighäufchen genug Abstand lassen, da diese beim Backen auseinanderlaufen.

8. Die Whoopies auf der mittleren Schiene des Backofens 10 bis 12 Minuten backen. Vorsichtig vom Backpapier abziehen und auf einem Kuchengitter vollständig abkühlen lassen.

9. Die Hälfte der Whoopies mit Füllung bestreichen und jeweils einen zweiten Whoopie daraufsetzen.

***Nährwerte/Stück**: 251 kcal • 4 g Eiweiß • 29 g Kohlenhydrate • 13 g Fett*

Macarons

Zubereitungszeit: 25 Minuten • Gesamtzeit: 1 Stunde

Für 20 Stück

Für den Teig:
- 120 g Zucker
- 130 g Mandeln, gemahlen
- 2 Eiweiß
- 1 Prise Salz
- 5 Tropfen Orangenaroma
- 2 Tropfen Lebensmittelfarbe (Orange)

Für die Ganache:
- 80 g weiße Kuvertüre
- 30 g Quark (40 % Fett)
- 30 g Mandarinen (Dose), gut abgetropft

Außerdem:
- Backpapier
- Spritzbeutel mit glatter Tülle

1. Backofen auf 140 °C (Umluft 120 °C, Gas Stufe 1) vorheizen. Ein Backblech mit Backpapier auslegen.

2. Für den Teig Zucker in den Mixtopf geben und **10 Sekunden/ Stufe 10** pulverisieren.

3. Mandeln in den Mixtopf geben, **20 Sekunden/Stufe 10** pulverisieren und beiseite geben.

4. Rühraufsatz einsetzen. Eiweiß und Salz in den Mixtopf geben und auf **Stufe 3,5** so lange schlagen, bis es steif ist.

5. Zucker-Mandel-Mischung, Orangenaroma und Lebensmittelfarbe dazugeben und **20 Sekunden/Stufe 1** vermischen.

6. Masse in einen Spritzbeutel füllen und auf das Backpapier ca. 2 Zentimeter große Häufchen mit ca. 3 Zentimeter Abstand zueinander spritzen.

7. Die Macarons auf der mittleren Schiene des Backofens ca. 35 Minuten trocknen. Herausnehmen und auf dem Backpapier auskühlen lassen.

8. Inzwischen Mixtopf spülen. Für die Ganache Kuvertüre in Stücke brechen, in den Mixtopf geben, **4 Sekunden/Stufe 8** zerkleinern und **3 Minuten/50 °C/Stufe 2** schmelzen.

9. Quark und Mandarinen dazugeben und **5 Sekunden/Stufe 6** vermischen. Die Masse in einen Spritzbeutel füllen.

10. Macarons vorsichtig vom Backpapier nehmen und auf eine Arbeitsfläche legen, dabei die Hälfte der Macarons mit der flachen Seite nach oben legen. Auf diese flachen Seiten je einen Klecks Ganache spritzen. Die restlichen Macarons als Deckel auflegen.

***Nährwerte/Stück**: 84 kcal • 2 g Eiweiß • 9 g Kohlenhydrate • 4 g Fett*

Hafercookies mit Cranberrys

Zubereitungszeit: 35 Minuten • Gesamtzeit: 50 Minuten + 1 Stunde Ruhezeit

Für 25 Stück

- 120 g getrocknete Cranberrys
- 200 g Butter
- 1 Ei
- 220 g Zucker
- 200 g Weizenmehl Type 550
- 1 EL Honig
- 90 g grobe Haferflocken
- 1 Päckchen Backpulver
- 1 Päckchen Vanillezucker

Außerdem:
- Frischhaltefolie
- Backpapier
- 150 g brauner Zucker zum Wälzen

1. Cranberrys in den Mixtopf geben, **6 Sekunden/Stufe 7** zerkleinern und beiseite geben.

2. Butter, Ei und Zucker in den Mixtopf geben und **1 Minute/Stufe 4** schaumig rühren.

3. Cranberrys, Mehl, Honig, Haferflocken, Backpulver und Vanillezucker dazugeben und **20 Sekunden/Knetstufe** zu einem festen Teig kneten. Den Teig in Frischhaltefolie wickeln und 1 Stunde in den Kühlschrank geben.

4. Backofen auf 200 °C (Umluft 180 °C, Gas Stufe 3–4) vorheizen. Ein Backblech mit Backpapier auslegen.

5. Teig aus dem Kühlschrank nehmen, Folie entfernen, in drei Stücke teilen und zu ca. 2 Zentimeter dicken Rollen formen.

6. Rollen in 1 Zentimeter dicke Taler schneiden, diese in braunem Zucker wälzen und auf das Backblech geben. Genügend Abstand lassen, da die Cookies noch auseinanderlaufen.

7. Die Cookies 8 bis 10 Minuten backen.

Nährwerte/Stück: *160 kcal • 2 g Eiweiß • 20 g Kohlenhydrate • 7 g Fett*

Superchunk-Cookies

Zubereitungszeit: 30 Minuten • Gesamtzeit: 45 Minuten

Für 25 Stück

- 80 g weiße Schokolade
- 80 g Vollmilchschokolade
- 100 g gesalzene Macadamianüsse
- 70 g weiche Karamellen (z. B. MuhMuh's®)
- 180 g Zucker
- 280 g Butter
- 180 g gezuckerte Kondensmilch
- 70 g Erdnusscreme
- 350 g Mehl
- ½ Päckchen Backpulver
- ¼ TL Natron

Außerdem:
- Backpapier

1. Weiße Schokolade und Vollmilchschokolade in Stücke schneiden, in den Mixtopf geben und **4 Sekunden/Stufe 5** hacken. Die Schokolade in eine Schüssel geben.

2. Macadamianüsse in den Mixtopf geben, **4 Sekunden/Stufe 5** hacken und zur Schokolade geben.

3. Karamellen in den Mixtopf geben, **6 Sekunden/Stufe 7** hacken und zur Schokolade geben.

4. Zucker und Butter in den Mixtopf geben und **1 Minute/Stufe 4** aufschlagen.

5. Kondensmilch, Erdnusscreme, Mehl, Backpulver und Natron dazugeben und **30 Sekunden/Stufe 4** vermischen.

6. Backofen auf 180 °C (Umluft 160 °C, Gas Stufe 2–3) vorheizen. Ein Backblech mit Backpapier auslegen.

7. Mit einem Teelöffel Teighäufchen auf das Backblech setzen und die Schokoladenmischung darübergeben.

8. Die Kekse auf der mittleren Schiene des Backofens ca. 12 Minuten backen.

***Nährwerte/Stück**: 272 kcal • 4 g Eiweiß • 28 g Kohlenhydrate • 16 g Fett*

Shortbread

Zubereitungszeit: 20 Minuten • Gesamtzeit: 35 Minuten + 1 Stunde Kühlzeit

Für 9 Stück

- 100 g Zucker
- 200 g Butter
- 300 g Mehl
- 1 TL Kardamom, gemahlen
- ½ TL Zimt, gemahlen
- 1 Prise Salz

Außerdem:
- Frischhaltefolie
- Mehl für die Arbeitsfläche

1. Zucker, Butter, Mehl, Kardamom, Zimt und Salz in den Mixtopf geben und **2 Minuten/Knetstufe** kneten. Teig mit den Händen glatt kneten, in Frischhaltefolie einwickeln und für 1 Stunde in den Kühlschrank geben.

2. Backofen auf 180 °C (Umluft 160 °C, Gas Stufe 2–3) vorheizen. Ein Backblech mit Backpapier auslegen.

3. Teig zu einem 24 x 15 Zentimeter großen Quadrat ausrollen (1,5 Zentimeter dick), mit einer Gabel einstechen und in neun Rechtecke schneiden. Die Rechtecke auf das Backblech legen und auf mittlerer Schiene ca. 15 bis 17 Minuten backen.

***Nährwerte/Stück**: 326 kcal • 4 g Eiweiß • 35 g Kohlenhydrate • 19 g Fett*

Chai-Cookies

Zubereitungszeit: 20 Minuten • Gesamtzeit: 35 Minuten

Für 20 Stück

- 180 g Zucker
- 50 g Chai-Latte-Pulver
- 1 Prise Salz
- 100 g weiße Schokolade
- 100 g Zartbitterschokolade
- 130 g weiche Butter
- 1 Ei
- 200 g Mehl
- ½ Päckchen Backpulver

Außerdem:
- Backpapier

1. Zucker, Chai-Latte-Pulver und Salz in den Mixtopf geben, **20 Sekunden/Stufe 10** pulverisieren und beiseite geben. Weiße Schokolade in Stücke brechen, in den Mixtopf geben, **10 Sekunden/Stufe 5** hacken und beiseite geben.

2. Zartbitterschokolade in Stücken in den Mixtopf geben, **4 Sekunden/Stufe 8** zerkleinern und **3 Minuten/50 °C/Stufe 2** schmelzen. Restliche Zutaten mit 210 Gramm Zucker-Chai-Mischung in den Mixtopf geben und **2 Minuten/Stufe 4** rühren.

3. Backofen auf 170 °C (Umluft 150 °C, Gas Stufe 2) vorheizen. Ein Backblech mit Backpapier auslegen. Aus dem Teig Kugeln mit je 2,5 Zentimeter Durchmesser formen. Jeweils etwas weiße Schokolade einfüllen und mit 4 Zentimeter Abstand auf das Backblech setzen. Plätzchen 10 bis 12 Minuten backen. Auskühlen lassen. Mit der restlichen Zucker-Chai-Mischung bestäuben.

***Nährwerte/Stück**: 177 kcal • 3 g Eiweiß • 20 g Kohlenhydrate • 9 g Fett*

Türkisches Gebäck mit Zuckersirup

Zubereitungszeit: 15 Minuten • Gesamtzeit: 45 Minuten

Für 20 Stück

Für den Teig:
- 200 g Zucker
- 1 Päckchen Vanillezucker
- 5 Eier
- 200 g Mehl
- 1 Päckchen Backpulver
- 200 g Weichweizengrieß

Für den Zuckersirup:
- 150 g Zucker
- 150 g Wasser

Zum Fertigstellen:
- 200 g kalte Milch
- 10 g Kokosraspel

Außerdem:
- 1 Auflaufform (30 x 20 cm)
- Butter für die Form

1. Backofen auf 180 °C (Umluft 160 °C, Gas Stufe 2–3) vorheizen. Eine Auflaufform mit Butter einfetten.
2. Zucker, Vanillezucker und Eier in den Mixtopf geben und **2 Minuten/Stufe 4** schlagen.
3. Mehl, Backpulver und Grieß dazugeben und **30 Sekunden/Stufe 7** mixen.
4. Die Teigmasse in die Form gießen und auf der mittleren Schiene des Backofens ca. 30 Minuten backen. Mixtopf ausspülen.
5. Inzwischen für den Zuckersirup Zucker und Wasser in den Mixtopf geben und **25 Minuten/Varoma 120°/Stufe 1** ohne eingesetzten Messbecher kochen.
6. Die Form aus dem Backofen nehmen und das Gebäck zuerst mit Milch und anschließend mit Zuckersirup übergießen. Abkühlen lassen.
7. Das Gebäck mit Kokosraspeln bestreuen und in 20 Stücke schneiden.

***Nährwerte/Stück**: 174 kcal • 4 g Eiweiß • 33 g Kohlenhydrate • 2 g Fett*

Mohnschnecken

Zubereitungszeit: 1 Stunde • Gesamtzeit: 1 Stunde + 45 Minuten Ruhezeit

Für 12 Stück

Für den Teig:
- 1 Grundrezept Plunderteig (siehe Seite 22)

Für die Füllung:
- 40 g ganze Mandeln mit Haut
- 100 g brauner Zucker
- 130 g Mohn, gemahlen
- 180 g Milch
- 1 Ei

Außerdem:
- Mehl für die Arbeitsfläche
- Backpapier
- Wasser zum Bepinseln

1. Den Plunderteig zubereiten wie auf Seite 22 beschrieben.
2. Für die Füllung Mandeln in den Mixtopf geben, **10 Sekunden/Stufe 10** mahlen und beiseite geben.
3. Zucker in den Mixtopf geben und **10 Sekunden/Stufe 10** mahlen. Von dem entstandenen Puderzucker 3 Esslöffel zum Bestreuen beiseite geben.
4. Mohn und Milch in den Mixtopf geben und **10 Minuten/90 °C/Stufe 1** erwärmen.
5. Inzwischen Plunderteig auf einer bemehlten Arbeitsfläche zu einem Rechteck von ca. 36 x 50 Zentimeter ausrollen. Ein Backblech mit Backpapier auslegen.
6. Ei und gemahlene Mandeln in den Mixtopf geben und **5 Sekunden/Stufe 3** verrühren.
7. Teig gleichmäßig mit der Mohnmasse bestreichen.
8. Teig von der kurzen Seite her aufrollen, in zwölf ca. 3 Zentimeter breite Schnecken schneiden, auf das Backblech legen, zudecken und 45 Minuten ruhen lassen.
9. Backofen auf 220 °C (Umluft 200 °C, Gas Stufe 4–5) vorheizen.
10. Mohnschnecken mit Wasser bepinseln und auf der mittleren Schiene des Backofens 20 bis 25 Minuten goldbraun backen.
11. Herausholen und mit dem beiseite gegebenen Puderzucker bestreuen.

Tipp: Noch warm schmecken die Mohnschnecken am besten.

***Nährwerte/Stück**: 389 kcal • 8 g Eiweiß • 31 g Kohlenhydrate • 25 g Fett*

Birnen-Marzipan-Strudel

Zubereitungszeit: 30 Minuten • Gesamtzeit: 1 Stunde 5 Minuten + 30 Minuten Ruhezeit

Für 1 Strudel (10 Stücke)

Für den Teig:
- 1 Grundrezept Strudelteig (siehe Seite 24)

Für die Füllung:
- 50 g Butter
- 500 g Birnen
- 200 g Marzipanrohmasse
- 1 TL Zimt, gemahlen
- 50 g Zucker
- 250 g Magerquark
- 1 Ei

Außerdem:
- Backpapier
- 20 g Butter zum Bestreichen
- 1 dünnes Küchentuch (40 x 60 cm)
- 1 EL Paniermehl
- 10 g gehobelte Mandeln

1. Den Strudelteig zubereiten wie auf Seite 24 beschrieben.
2. Für die Füllung Butter in den Mixtopf geben und **4 Minuten/50 °C/Stufe 1** schmelzen.
3. Birnen waschen, schälen, Strunk und Kerngehäuse entfernen und das Fruchtfleisch in den Mixtopf geben.
4. Marzipanrohmasse in Stücke schneiden. Marzipan, Zimt und Zucker in den Mixtopf geben und **4 Sekunden/Stufe 6** zerkleinern.
5. Quark und Ei dazugeben und **10 Sekunden/↺/Stufe 4** vermischen.
6. Backofen auf 200 °C (Umluft 180 °C, Gas Stufe 3–4) vorheizen. Ein Backblech mit Backpapier auslegen.
7. Butter zum Bestreichen in den Mixtopf geben und **3 Minuten/50 °C/Stufe 1** schmelzen.
8. Ein dünnes Küchentuch mit Mehl bestäuben und den Teig darauf hauchdünn auf die Größe des Tuchs ausrollen. Mit geschmolzener Butter bestreichen und mit Paniermehl bestreuen. Die Füllung auf dem Teig verteilen, dabei zum Rand und nach oben etwas Platz freilassen. Die Ränder einschlagen. Den belegten Teig mithilfe des Tuches in einer Richtung aufrollen und vor dem Verschließen den oberen freien Platz mit Butter bestreichen.
9. Die Rolle vorsichtig auf das Backblech legen und mit Mandelblättchen bestreuen. Den Strudel auf der mittleren Schiene des Backofens ca. 30 Minuten backen.

***Nährwerte/Stück**: 331 kcal • 9 g Eiweiß • 42 g Kohlenhydrate • 13 g Fett*

Französische Brioches

Zubereitungszeit: 45 Minuten • Gesamtzeit: 65 Minuten + 4 Stunden 30 Minuten Ruhezeit

Für 12 Stück

Für den Teig:
- ½ Würfel Hefe
- 2 Päckchen Vanille-zucker
- 120 g Milch
- 130 g kalte Butter
- 320 g Mehl
- 1 Ei
- 2 Eigelb
- ½ TL Salz

Außerdem:
- 1 Muffinblech
- 12 Muffinförmchen aus Papier
- Mehl zum Bestäuben
- Milch zum Bestreichen

1. Hefe in den Mixtopf bröseln. Vanillezucker und Milch dazugeben und **90 Sekunden/37 °C/Stufe 2** erwärmen.

2. Butter in Stücken, Mehl, Ei, Eigelb und Salz in den Mixtopf geben und **4 Minuten/Knetstufe** kneten. Den noch klebrigen Teig mit Mehl bestäuben, umfüllen, zudecken und mindestens 4 Stunden oder über Nacht im Kühlschrank gehen lassen.

3. Muffinblech mit Papierförmchen auskleiden. Zwei Drittel des Teigs zu 12 Kugeln formen und in die Papierförmchen geben. Mit den Fingern eine Mulde in die Kugeln drücken. Den übrigen Teig zu 12 kleinen Kugeln formen, auf die Teigstücke setzen und zugedeckt 30 Minuten gehen lassen.

4. Backofen auf 220 °C (Umluft 200 °C, Gas Stufe 4–5) vorheizen. Die Teiglinge dünn mit Milch bestreichen und auf der mittleren Schiene des Backofens 15 bis 20 Minuten backen.

***Nährwerte/Stück**: 208 kcal • 5 g Eiweiß • 22 g Kohlenhydrate • 11 g Fett*

Erdbeer-Vanille-Konfitüre

Zubereitungszeit: 15 Minuten • Gesamtzeit: 35 Minuten

Für 3 Gläser

- 1 Vanilleschote
- 600 g Erdbeeren
- Saft von 1 Zitrone
- 280 g Gelierzucker 2:1

Außerdem:
- 3 Einmachgläser, sterilisiert (à 250 ml Inhalt)

1. Vanilleschote längs aufschlitzen und das Mark herauskratzen. Vanillemark in den Mixtopf geben. Erdbeeren waschen, die Strünke entfernen und das Fruchtfleisch in den Mixtopf geben. Zitronensaft in den Mixtopf geben und **7 Sekunden/Stufe 8** pürieren und mit dem Spatel nach unten schieben. Gelierzucker in den Mixtopf geben und **14 Minuten/100 °C/Stufe 1** kochen. Gelierprobe machen.

2. Die kochend heiße Konfitüre in sterilisierte Schraubgläser füllen. Gläser auf den Deckel stellen und nach 5 Minuten umdrehen.

***Nährwerte/Glas**: 213 kcal • 2 g Eiweiß • 45 g Kohlenhydrate • 1 g Fett*

Buchteln

Zubereitungszeit: 25 Minuten • Gesamtzeit: 1 Stunde + 1 Stunde 30 Minuten Ruhezeit

Für 12 Stück

Für den Teig:

- ½ Würfel Hefe
- 70 g Zucker
- 80 g Butter
- 2 Eier
- 150 g Milch
- 500 g Mehl
- 1 TL Salz
- 1 TL Zimt, gemahlen

Für die Füllung:

- 12 TL Pflaumenmus

Außerdem:

- 1 Auflaufform (20 x 30 cm)
- 70 g Butter
- 1 Pinsel
- Zimt, gemahlen
- 30 g Zucker zum Bestreuen

1. Für den Teig Hefe in den Mixtopf bröseln. Zucker, Butter, Eier, Milch, Mehl, Salz und Zimt dazugeben und **2 Minuten/Knetstufe** kneten. In eine Schüssel geben, zudecken und an einem warmen Ort 1 Stunde gehen lassen.

2. Butter für die Auflaufform in den Mixtopf geben und **5 Minuten/50° C/Stufe 1** schmelzen. Die Auflaufform mithilfe eines Pinsels mit geschmolzener Butter einfetten und dann gleichmäßig mit Zimt ausstreuen.

3. Den Teig in 12 Stücke teilen, platt drücken, mit je 1 Teelöffel Pflaumenmus bedecken und nach oben hin zu einer Kugel formen. Die Kugeln dreimal in der zerlassenen Butter in der Auflaufform wenden und dann darin dicht an dicht setzen. Die Teiglinge nochmals zudecken und 30 Minuten gehen lassen.

4. Backofen auf 180 °C (Umluft 160 °C, Gas Stufe 2–3) vorheizen.

5. Die Buchteln 25 bis 30 Minuten auf der mittleren Schiene des Backofens backen. Anschließend aus der Form stürzen und die Butterseite mit Zucker bestreuen.

Tipp: Noch warm mit Vanilleeis servieren.

Nährwerte/Stück: *253 kcal • 6 g Eiweiß • 39 g Kohlenhydrate • 7 g Fett*

REZEPTE

WEIHNACHTS-BÄCKEREI

AUS DEM THERMOMIX®

Adventskonfekt (Foto Seite 100)

Zubereitungszeit: 25 Minuten • Gesamtzeit: 40 Minuten + 7 Stunden Kühlzeit

Für 25 Stück

- 30 g blanchierte Mandeln, geschält
- 1 TL Lebkuchengewürz
- 150 g Vollmilchschokolade
- 50 g Sahne
- 1 EL Puderzucker
- 2 EL Sahnelikör (z. B. Baileys®)
- 3 EL Schokoladenstreusel

Außerdem:
- Spritzbeutel
- 25 Pralinenförmchen

1. Mandeln und Lebkuchengewürz in den Mixtopf geben, **8 Sekunden/Stufe 7** mahlen und beiseite geben.
2. Schokolade in Stücke brechen, in den Mixtopf geben und **6 Sekunden/Stufe 8** zerkleinern.
3. Sahne dazugeben und **4 Minuten/90 °C/Stufe 1** erwärmen. Puderzucker, Mandeln und Sahnelikör dazugeben und **10 Sekunden/Stufe 3** vermengen. Die Masse umfüllen und für 3 Stunden in den Kühlschrank geben.
4. Schokomasse in einen Spritzbeutel geben und in die Pralinenförmchen spritzen. Das Konfekt mit Schokoladenstreuseln verzieren. Mindestens 4 Stunden kalt stellen.

***Nährwerte/Stück**: 61 kcal • 1 g Eiweiß • 5 g Kohlenhydrate • 4 g Fett*

Low-Carb-Kugeln

Zubereitungszeit: 15 Minuten • Gesamtzeit: 25 Minuten

Für 30 Stück

- 200 g Erdnusskerne
- 50 g Walnusskerne
- ½ TL Zimt, gemahlen
- 12 Datteln ohne Stein
- 10 g Rosinen

Außerdem:
- Backpapier

1. Backofen auf 180 °C (Umluft 160 °C, Gas Stufe 2–3) vorheizen. Ein Backblech mit Backpapier auslegen.
2. Für den Teig alle Zutaten in den Mixtopf geben und **20 Sekunden/Stufe 5** vermischen.
3. Aus dem Teig Kugeln formen und diese auf das Backblech legen. Auf der mittleren Schiene des Backofens ca. 10 Minuten backen.

***Nährwerte/Stück**: 61 kcal • 2 g Eiweiß • 3 g Kohlenhydrate • 4 g Fett*

Vanillekipferl

Zubereitungszeit: 1 Stunde 30 Minuten • Gesamtzeit: 2 Stunden 10 Minuten + 40 Minuten Kühlzeit

Für 60 Stück

Für die Kipferl:

- 70 g blanchierte Mandeln, geschält
- 250 g weiche Butter
- 300 g Mehl
- 70 g Zucker
- 1 Eigelb

Zum Wälzen:

- 200 g Puderzucker
- 2 Päckchen Vanillezucker

Außerdem:

- Backpapier
- Mehl für die Arbeitsfläche

1. Mandeln in den Mixtopf geben und **8 Sekunden/Stufe 7** mahlen.
2. Butter in Stücke teilen. Butterstücke, Mehl, Zucker und Eigelb in den Mixtopf geben und **20 Sekunden/Stufe 3** vermengen. Den Teig in eine Schüssel geben und 30 Minuten kühl stellen.
3. Backofen auf 180 °C (Umluft 160 °C, Gas Stufe 2–3) vorheizen. Ein Backblech mit Backpapier auslegen.
4. Den Teig in vier Teile schneiden und auf einer bemehlten Arbeitsfläche jeweils zu fingerdicken Rollen formen. Stücke von 3 Zentimeter davon abschneiden, Kipferl daraus formen und auf das Backblech legen.
5. Kipferl auf der mittleren Schiene des Backofens 6 bis 8 Minuten backen; sie sollten hell bleiben. Herausholen und 10 Minuten auskühlen lassen.
6. Inzwischen Puderzucker und Vanillezucker in einer Schüssel miteinander vermischen. Kipferl noch warm in der Mischung wälzen.

***Nährwerte/Stück**: 61 kcal • 1 g Eiweiß • 5 g Kohlenhydrate • 4 g Fett*

Zitronentascherl

Zubereitungszeit: 1 Stunde • Gesamtzeit: 1 Stunde 30 Minuten + 4 Stunden Kühlzeit

Für 30 Stück

Für die Creme:
- 130 g Zucker
- 80 g Butter
- 80 g Zitronensaft
- abgeriebene Schale von 1 unbehandelten Zitrone
- 15 g Speisestärke
- 1 EL Vanillezucker

Für den Teig:
- 320 g Mehl
- 120 g Zucker
- 220 g Butter
- 1 Ei
- 1 Prise Salz

Außerdem:
- Backpapier
- Mehl für die Arbeitsfläche
- 1 Glas zum Ausstechen (5 cm Durchmesser)

1. Für die Creme Zucker in den Mixtopf geben, **10 Sekunden/Stufe 10** pulverisieren und 2 Esslöffel davon beiseite geben.

2. Butter, Zitronensaft und -schale in den Mixtopf geben und **6 Minuten 30 Sekunden/100 °C/Stufe 2** erhitzen.

3. Speisestärke und Vanillezucker dazugeben, **5 Sekunden/Stufe 4** vermengen und **2 Minuten/100 °C/Stufe 2** erhitzen. Umfüllen und 3 Stunden kalt stellen.

4. Inzwischen für den Teig Mehl, Zucker, Butter, Ei und Salz in den Mixtopf geben, **20 Sekunden/Stufe 5** vermischen. Umfüllen und 1 Stunde kühl stellen.

5. Backofen auf 180 °C (Umluft 160 °C, Gas Stufe 2–3) vorheizen. Ein Backblech mit Backpapier auslegen.

6. Teig auf einer bemehlten Arbeitsfläche dünn ausrollen und Kreise von etwa 5 Zentimeter Durchmesser ausstechen. Mit der Zitronencreme füllen (etwa die Größe einer Haselnuss) und zusammenklappen. Die Ränder festdrücken. Die Plätzchen auf das Backblech legen und auf der mittleren Schiene des Backofens 6 bis 8 Minuten backen.

7. Nach dem Auskühlen mit dem beiseite gegebenen Puderzucker bestreuen.

***Nährwerte/Stück**: 153 kcal • 1 g Eiweiß • 17 g Kohlenhydrate • 9 g Fett*

Lebkuchen

Zubereitungszeit: 40 Minuten • Gesamtzeit: 1 Stunde

Für 40 Stück

- 200 g Mandeln, geschält
- 100 g Butter
- 3 EL Honig
- 150 g Milch
- 3 Eier
- 300 g brauner Zucker
- 300 g Mehl
- 1 TL Zimt, gemahlen
- 2 TL Lebkuchengewürz
- 1 Prise Salz
- 1 EL Backkakao
- 1 Päckchen Backpulver
- 1 Päckchen Vanillezucker

Außerdem:

- Backoblaten (à 7 cm Durchmesser)
- Backpapier
- 1 Grundrezept Schokoladenguss (siehe Seite 31)

1. Mandeln in den Mixtopf geben, **1 Minute/Stufe 10** fein mahlen und beiseite geben.

2. Butter, Honig, Milch und Eier in den Mixtopf geben, **2 Minuten/37 °C/Stufe 2** erwärmen.

3. Gemahlene Mandeln, Zucker, Mehl, Zimt, Lebkuchengewürz, Salz, Backkakao, Backpulver und Vanillezucker in den Mixtopf geben und **15 Sekunden/Stufe 4** vermengen.

4. Backofen auf 180 °C (Umluft 160 °C, Gas Stufe 2–3) vorheizen. Ein Backblech mit Backpapier auslegen.

5. Den Teig auf Backoblaten verteilen und diese auf das Backblech legen. Lebkuchen auf der mittleren Schiene des Backofens ca. 20 Minuten backen.

6. Nach dem Auskühlen mit Schokoladenguss überziehen.

***Nährwerte/Stück**: 141 kcal • 3 g Eiweiß • 18 g Kohlenhydrate • 6 g Fett*

REZEPTE

HERZHAFTES GEBÄCK

AUS DEM THERMOMIX®

Pizzini (Fotos Seite 113 und 110)

Zubereitungszeit pro Variante: 30 Minuten • Gesamtzeit: 50 Minuten + 1 Stunde Ruhezeit

Für 6 Stück

Für den Teig:
- ½ Würfel Hefe
- 370 g Mehl Type 550
- 180 g Wasser
- 5 g Olivenöl
- 1 TL Salz
- ½ TL Zucker

Kartoffelpizzini:
- 50 g Emmentaler
- ½ Bund Petersilie
- 300 g saure Sahne
- 1 TL Salz
- 1 TL Senf
- ¼ TL schwarzer Pfeffer
- 300 g festkochende Kartoffeln
- 500 g Wasser zum Dämpfen
- 6 Zweige Rosmarin
- 100 g Speckwürfel

Basilikumpizzini:
- 1 Knoblauchzehe
- 200 g Tomaten
- 10 g Olivenöl
- ½ TL Salz
- 1 Prise Zucker
- 1 Prise Pfeffer
- 1 Bund Basilikum
- 200 g Kirschtomaten
- 200 g Ricotta
- ½ TL Salz
- 1 TL Honig
- 50 g Oliven ohne Stein

Außerdem:
- Backpapier
- Mehl

1. Für den Teig Hefe in den Mixtopf bröseln. Mehl, Wasser, Öl, Salz und Zucker dazugeben und **2 Minuten/Knetstufe** kneten. Teig umfüllen, zudecken und 1 Stunde gehen lassen. Ein Backblech mit Backpapier auslegen. Teig zu sechs Kugeln formen, auf einer bemehlten Arbeitsfläche ausrollen und auf das Backblech legen.

2. Inzwischen eine Belagvariante auswählen (siehe Step 3 bzw. 4), denn jede Füllung ist für sechs Teigstücke berechnet.

3. Für die Kartoffelpizzini Emmentaler in Stücke schneiden, in den Mixtopf geben, **5 Sekunden/Stufe 9** zerkleinern und beiseite geben. Für die Creme Petersilie waschen, trockentupfen, Blätter in den Mixtopf geben und **3 Sekunden/Stufe 8** zerkleinern. Saure Sahne, Salz, Senf und Pfeffer dazugeben, **6 Sekunden/Stufe 4** verrühren und beiseite geben. Mixtopf ausspülen. Kartoffeln waschen und in den Gareinsatz geben. Wasser in den Mixtopf geben und die Kartoffeln **25 Minuten/Varoma/Stufe 1** dämpfen. Inzwischen den Backofen auf 200 °C (Umluft 180 °C, Gas Stufe 3–4) vorheizen. Die Teigrohlinge mit der Creme bestreichen und mit Rosmarinnadeln und Speckwürfeln belegen. Kartoffeln in dünne Scheiben schneiden, auflegen und mit Emmentaler bestreuen. Auf unterer Schiene 18 bis 20 Minuten backen.

4. Für die Basilikumpizzini Backofen auf 180 °C (Umluft 160 °C, Gas Stufe 2–3) vorheizen. Knoblauch abziehen, in den Mixtopf geben und **3 Sekunden/Stufe 8** hacken. Tomaten waschen, hacken, mit Öl zufügen und **3 Minuten/120° aroma/Stufe 1** andünsten. Salz, Zucker und Pfeffer in den Mixtopf geben und **8 Minuten/100 °C/Stufe 2** erwärmen. Die entstandene Tomatensauce auf den Teigrohlingen verteilen, in den Backofen geben und die Pizzini 18 bis 20 Minuten backen. Für den Belag Basilikum waschen und trockenschütteln. Kirschtomaten waschen und putzen. Ricotta, Salz und Honig in den Mixtopf geben und **6 Sekunden/Stufe 4** verrühren. Pizzini mit Ricottacreme bestreichen und mit Kirschtomaten, Oliven und Basilikum belegen. Sofort servieren.

Nährwerte/Stück Kartoffelpizzini:
527 kcal • 13 g Eiweiß • 55 g Kohlenhydrate • 27 g Fett

Nährwerte/Stück Basilikumpizzini:
359 kcal • 11 g Eiweiß • 49 g Kohlenhydrate • 12 g Fett

Pizza mit weißer Sauce

Zubereitungszeit: 25 Minuten • Gesamtzeit: 50 Minuten + 30 Minuten Ruhezeit

Für 1 Backblech (9 Stück)

Für den Teig:

- ½ Würfel Hefe
- 360 g Weizenmehl Type 550
- 180 g Wasser
- 25 g Olivenöl
- 1 TL Salz
- 1 Prise Zucker

Für Sauce und Belag:

- 40 g Pecorino
- 200 g Ricotta
- 40 g Olivenöl
- 40 g Sahne
- 1 TL Oregano, gerebelt
- 1 TL Thymian, gerebelt
- ½ TL Salz
- 2 Prisen weißer Pfeffer
- 220 g Mozzarella

Außerdem:

- Backpapier
- Olivenöl zum Beträufeln

1. Pecorino in Stücke schneiden, in den Mixtopf geben, **8 Sekunden/Stufe 10** zerkleinern und beiseite geben.
2. Alle Teigzutaten in den Mixtopf geben und **2 Minuten/Knetstufe** kneten. Ein Backblech mit Backpapier auslegen. Teig ausrollen, darauflegen, zudecken und 30 Minuten gehen lassen.
3. Backofen auf 220 °C (Umluft 200 °C, Gas Stufe 4–5) vorheizen.
4. Ricotta, Öl, Sahne, Oregano, Thymian, Salz und Pfeffer in den Mixtopf geben und **25 Sekunden/Stufe 3** vermischen. Auf den Pizzateig streichen. Mit Pecorino bestreuen. Mozzarella in Stücke zupfen und auf die Pizza legen.
5. Pizza im heißen Backofen 20 bis 25 Minuten backen. Herausholen und noch heiß mit Olivenöl beträufeln.

Tipp: Statt Backblech zwei runde Pizzableche (Durchmesser 30 Zentimeter) verwenden.

Info: Der Käse wird gerieben, bevor der Teig gemacht wird, da der Mixtopf hierfür sauber und trocken (also ohne etwaige Teigreste) sein sollte. Somit spart man sich einmal auswaschen und trocknen.

***Nährwerte/Stück**: 333 kcal • 13 g Eiweiß • 31 g Kohlenhydrate • 18 g Fett*

Flammkuchen

Zubereitungszeit: 20 Minuten • Gesamtzeit: 35 Minuten + 1 Stunde Ruhezeit

Für 1 Backblech (9 Stücke)

Für den Teig:
- ¼ Würfel Hefe
- 250 g Weizenmehl Type 550
- 40 g Olivenöl
- 120 g lauwarmes Wasser
- ¼ TL Salz

Für den Belag:
- 150 g Emmentaler
- 100 g Brokkoliröschen
- 200 g Kirschtomaten
- 40 g Rucola
- 100 g Stremellachs
- 300 g Schmand
- ¼ TL Salz

Außerdem:
- Backpapier

1. Hefe in den Mixtopf bröseln. Mehl, Öl, Wasser und Salz dazugeben und **2 Minuten/Knetstufe** kneten. Teig umfüllen, zudecken und 1 Stunde gehen lassen.

2. Für den Belag Emmentaler in Stücke schneiden, in den Mixtopf geben, **10 Sekunden/Stufe 9** zerkleinern und beiseite geben.

3. Brokkoli, Kirschtomaten und Rucola waschen und putzen. Stremellachs in Stücke schneiden.

4. Backofen auf 250 °C (Umluft 230 °C, Gas Stufe 6) vorheizen. Ein Backblech mit Backpapier auslegen.

5. Den Teig ausrollen und auf das Backblech geben. Schmand und Salz in den Mixtopf geben, **12 Sekunden/Stufe 4** vermischen und auf den Teig streichen. Brokkoli, Tomaten und Käse auf dem Teig verteilen.

6. Den Flammkuchen auf der mittleren Schiene des Backofens 12 bis 15 Minuten backen. Mit Rucola und Stremellachs garnieren.

Info: Für Stremellachs wird Lachs zunächst in Salzlake eingelegt und dann heiß geräuchert.

***Nährwerte/Stück**: 356 kcal • 11 g Eiweiß • 22 g Kohlenhydrate • 24 g Fett*

Gemüsekuchen

Zubereitungszeit: 30 Minuten • Gesamtzeit: 1 Stunde 30 Minuten

Für 1 Kuchen (8 Stücke)

Für den Teig:
- ½ Grundrezept Hefeteig salzig (siehe Seite 18)

Für den Belag:
- 200 g Emmentaler
- 1 Knoblauchzehe
- 1 Zwiebel
- 15 g Butter
- 1 gelbe Paprikaschote
- 1 rote Paprikaschote
- 1 kleine Zucchini
- 3–4 Champignons
- 300 g Schmand
- 3 Eier
- 1 ½ TL Salz
- 1 TL weißer Pfeffer
- 1 TL Chiliflocken

Außerdem:
- 1 Springform (24 cm Durchmesser)
- Öl
- Mehl für die Arbeitsfläche

1. Den Hefeteig zubereiten wie auf Seite 18 beschrieben, zudecken und 30 Minuten gehen lassen.
2. Für den Belag Emmentaler in Stücke schneiden und in den Mixtopf geben, **6 Sekunden/Stufe 5** zerkleinern und beiseite geben.
3. Backofen auf 175 °C (Umluft 155 °C, Gas Stufe 2–3) vorheizen. Eine Springform einfetten.
4. Knoblauch abziehen, in den Mixtopf geben und **3 Sekunden/Stufe 8** zerkleinern.
5. Zwiebel abziehen, dazugeben, **3 Sekunden/Stufe 5** zerkleinern und mit dem Spatel nach unten schieben.
6. Butter dazugeben und **3 Minuten/120°/Varoma/Stufe 1** dünsten.
7. Paprikaschoten, Zucchini und Champignons waschen bzw. putzen, in Stücke schneiden, in den Mixtopf geben und **4 Sekunden/Stufe 5** zerkleinern.
8. Schmand, Eier, 100 Gramm Emmentaler, Salz, Pfeffer und Chiliflocken dazugeben und **10 Sekunden/↺/Stufe 3** vermischen.
9. Den Hefeteig auf einer bemehlten Arbeitsfläche zu einem 36 Zentimeter großen Kreis ausrollen, in die Springform legen und den Rand hochziehen. Die Gemüsemasse hineingeben und mit dem restlichen Käse bestreuen.
10. Den Gemüsekuchen auf der mittleren Schiene 50 Minuten backen, Backofen ausschalten und das Gericht 10 Minuten im Backofen ruhen lassen.

***Nährwerte/Stück**: 430 kcal • 15 g Eiweiß • 26 g Kohlenhydrate • 29 g Fett*

Quiche Lorraine mit Gemüse

Zubereitungszeit: 30 Minuten • Gesamtzeit: 1 Stunde 15 Minuten + 30 Minuten Ruhezeit

Für 1 Quiche (8 Stücke)

Für den Teig:
- 260 g Mehl
- 130 g Butter
- 2 Eier
- 1 TL Salz

Für die Füllung:
- 200 g Bergkäse
- 200 g Lauch
- 100 g Karotten
- 10 g Butter
- 200 g Speckwürfel
- 100 g gefrorene Erbsen (TK-Ware)
- 400 g Sahne
- 300 g Schmand
- 4 Eier
- ½ TL Salz
- 1 TL weißer Pfeffer
- 1 TL Chiliflocken (optional)

Zum Blindbacken:
- Backpapier
- getrocknete Hülsenfrüchte

Außerdem:
- Frischhaltefolie
- 1 Springform (26 cm Durchmesser)
- Öl
- Mehl für die Arbeitsfläche

1. Für die Füllung Bergkäse in Stücke schneiden, in den Mixtopf geben, **10 Sekunden/Stufe 5** reiben und beiseite geben.

2. Für den Teig Mehl, Butter, Eier und Salz in den Mixtopf geben und **2 Minuten/Knetstufe** kneten. Den Teig herausnehmen, in Frischhaltefolie wickeln und 30 Minuten im Kühlschrank ruhen lassen. Mixtopf spülen.

3. Lauch und Karotten waschen, putzen, in Stücke schneiden, in den Mixtopf geben, **5 Sekunden/Stufe 5** zerkleinern und beiseite geben.

4. Butter und Speck in den Mixtopf geben, **5 Minuten/120°/⟲/Stufe 1** anbraten. Lauch, Karotten und Erbsen dazugeben, **5 Minuten/100 °C/⟲/Stufe 2** dünsten. Bei geöffnetem Mixtopfdeckel auskühlen lassen.

5. Backofen auf 190 °C (Umluft 170 °C, Gas Stufe 3) vorheizen. Springform einfetten.

6. Inzwischen den Teig auf einer bemehlten Arbeitsfläche auf 36 Zentimeter Durchmesser ausrollen, in die Springform legen und den Rand mit den Fingern festdrücken. Mit einer Gabel den Boden mehrmals einstechen. Mit Backpapier zudecken, mit den Hülsenfrüchten beschweren und den Boden 10 Minuten blindbacken. Hülsenfrüchte und Backpapier entfernen und den Teig weitere 5 Minuten backen. Aus dem Backofen herausnehmen.

7. Sahne, Schmand, Eier, Salz, Pfeffer, Chiliflocken und die Hälfte des Käses zu Speck und Gemüse in den Mixtopf geben und **20 Sekunden/⟲/Stufe 2** vermengen.

8. Masse auf den vorgebackenen Teig in der Springform füllen und mit dem restlichen Käse bestreuen. Die Quiche 40 bis 45 Minuten backen.

***Nährwerte/Stück**: 846 kcal • 19 g Eiweiß • 31 g Kohlenhydrate • 72 g Fett*

Spinattarte

Zubereitungszeit: 20 Minuten • Gesamtzeit: 1 Stunde + 15 Minuten Ruhezeit

Für 1 Tarte (8 Stücke)

- 1 Grundrezept Mürbeteig für Tartes (siehe Seite 19)

Für den Belag:
- 50 g Walnusskerne
- 20 g Butter
- 500 g Blattspinat
- 100 g Schmand
- 50 g Sahne
- 15 g Speisestärke
- 5 Basilikumblätter
- 150 g Weißkäse nach Fetaart
- 1 Ei
- 1 TL Salz
- ½ TL weißer Pfeffer
- 1 Spritzer Zitronensaft
- 1 Prise Muskatnuss, gerieben

Zum Blindbacken:
- Backpapier
- getrocknete Hülsenfrüchte

Außerdem:
- 1 Tarteform (27 cm Durchmesser)

1. Mürbeteig für Tartes zubereiten wie auf Seite 19 beschrieben.
2. Für den Belag Walnusskerne in den Mixtopf geben, **5 Sekunden/Stufe 6** hacken und beiseite geben.
3. Butter in den Mixtopf geben. Spinat waschen, putzen und **4 Minuten/120° Varoma/⟲/Stufe 2** dünsten.
4. Schmand, Sahne und Speisestärke dazugeben und **4 Minuten/90 °C/⟲/Stufe 1** erhitzen.
5. Basilikumblätter zerrupfen. Käse zerbröseln. Walnusskerne, Basilikum, Käse, Ei, Salz, Pfeffer, Zitronensaft und Muskatnuss in den Mixtopf geben und **5 Sekunden/⟲/Stufe 3** vermengen. Die Masse abkühlen lassen.
6. Backofen auf 180 °C (Umluft 160 °C, Gas Stufe 2–3) vorheizen.
7. Den Teig ausrollen, in die Tarteform legen und den Rand 2 Zentimeter hochziehen. Mit einer Gabel den Boden mehrmals einstechen. Mit Backpapier zudecken, mit Hülsenfrüchten beschweren und den Boden 10 Minuten auf der mittleren Schiene des Backofens blindbacken (Bilder siehe Seite 19). Hülsenfrüchte und Backpapier entfernen und den Teig nochmals 5 Minuten backen. Boden aus dem Backofen herausnehmen.
8. Die Gemüse-Käse-Masse in die Tarteform füllen. Die Tarte 40 Minuten auf der mittleren Schiene des Backofens backen. Vor dem Anschneiden 10 Minuten ruhen lassen.

***Nährwerte/Stück**: 430 kcal • 10 g Eiweiß • 25 g Kohlenhydrate • 32 g Fett*

Dim Sum – gedämpfte Teigtaschen

Zubereitungszeit: 40 Minuten • Gesamtzeit: 1 Stunde

Für 20 Stück

Für den Teig:

- 300 g Wasser
- 250 g Weizenstärke

Für die Füllung:

- 1 Knoblauchzehe
- 1 cm Ingwer
- 1 Frühlingszwiebel
- 50 g Bambusstreifen (Glas)
- 200 g Hackfleisch (halb Schwein, halb Rind)
- 10 g Olivenöl
- ½ TL brauner Zucker
- 1 TL Salz
- ¼ TL schwarzer Pfeffer
- ¼ TL Cayennepfeffer

Außerdem:

- Mehl für die Arbeitsfläche
- 1 Glas zum Ausstechen (10 cm Durchmesser)
- 500 g Wasser zum Dämpfen

1. Für den Teig Wasser in den Mixtopf geben und **4 Minuten/100 °C/Stufe 1** erwärmen.
2. Gerät auf **Stufe 1** laufen lassen und die Stärke langsam dazugeben. Teig bei geöffnetem Deckel auf unter 60 °C abkühlen lassen.
3. Teig **2 Minuten/Knetstufe** kneten und beiseite geben.
4. Für die Füllung Knoblauch abziehen, Ingwer schälen, Frühlingszwiebel putzen, Bambusstreifen abtropfen lassen. Diese vier Zutaten in den Mixtopf geben, **3 Sekunden/Stufe 8** zerkleinern und mit dem Spatel nach unten schieben.
5. Hackfleisch, Öl, Zucker, Salz, Pfeffer und Cayennepfeffer in den Mixtopf geben und **3 Minuten/120° Varoma/⟲/Stufe 1** andünsten.
6. Inzwischen den Teig auf einer bemehlten Arbeitsfläche etwa 2 Millimeter dünn ausrollen und mit einem Glas von ca. 10 Zentimeter Durchmesser Kreise stanzen. Sollte sich der Teig nicht ausrollen lassen, mehr Wasser dazugeben, bis er sich gut verarbeiten lässt.
7. Jeweils in die Mitte der Teigkreise etwas Füllung geben, die Teigkreise zusammenklappen und die Ränder mit einer Gabel zusammendrücken. Die gefüllten Teigrohlinge im Varoma-Behälter und Varoma-Einlegeboden verteilen.
8. Mixtopf ausspülen. Wasser in den Mixtopf geben, Varoma aufsetzen und die Teigtaschen **20 Minuten/Varoma/Stufe 1** dämpfen.

Tipp: Mit Sojasauce servieren.

***Nährwerte/Stück**: 73 kcal • 2 g Eiweiß • 11 g Kohlenhydrate • 2 g Fett*

Pikante Kekse mit Füllung

Zubereitungszeit: 30 Minuten • Gesamtzeit: 40 Minuten + 1 Stunde Ruhezeit

Für 20 Stück

Für den Teig:
- 80 g Walnusskerne
- 200 g Mehl
- 110 g Butter
- 1 TL Salz
- 1 Ei

Für die Füllung:
- 200 g Frischkäse (Doppelrahmstufe)
- 3 TL Meerrettich
- 2 TL frischer Dill
- Salz nach Bedarf (hängt vom Frischkäse ab)

Außerdem:
- Backpapier
- Mehl für die Arbeitsfläche
- 1 Glas zum Ausstechen (5 cm Durchmesser)

1. Für den Teig Walnusskerne in den Mixtopf geben und **8 Sekunden/Stufe 7** mahlen. Mehl, Butter, Salz nach Geschmack und Ei dazugeben, **30 Sekunden/Stufe 4** vermengen. Teig in eine Schüssel füllen, zudecken und 1 Stunde kalt stellen.

2. Backofen auf 180 °C (Umluft 160 °C, Gas Stufe 2–3) vorheizen. Ein Backblech mit Backpapier auslegen.

3. Teig auf einer bemehlten Arbeitsfläche dünn ausrollen und mit einem Glas Taler ausstechen. Teigrohlinge auf das Backblech legen und auf der mittleren Schiene des Backofens 8 bis 10 Minuten backen. Die Kekse sollten leicht braun werden. Auskühlen lassen.

4. Inzwischen für die Füllung Frischkäse, Meerrettich, Dill und Salz in den Mixtopf geben und **3 Sekunden/Stufe 8** verrühren.

5. Frischkäse auf die Hälfte der Kekse streichen und die restlichen Kekse als Deckel auflegen. Frisch verzehren.

Tipp: Den Frischkäse mit anderen Kräutern, Paprika- oder Chilipulver würzen.

***Nährwerte/Stück**: 143 kcal • 3 g Eiweiß • 8 g Kohlenhydrate • 11 g Fett*

Chili-Käse-Schnecken

Zubereitungszeit: 30 Minuten • Gesamtzeit: 60 Minuten

Für 24 Stück

Für den Teig:
- 1 Rezept Blätterteig (siehe Seite 23) oder 2 Platten Blätterteig (Kühlregal à 270 g)

Für die Füllung:
- 1 Knoblauchzehe
- 1 rote Zwiebel
- 60 g Jalapeños (Glas)
- 200 g Cheddar
- 1 rote Paprikaschote
- 90 g Tomatenmark
- 1 TL Salz
- ½ TL Cayennepfeffer
- ½ TL edelsüßes Paprikapulver
- ¼ TL Kreuzkümmel, gemahlen

Außerdem:
- Backpapier

1. Für die Füllung Knoblauch abziehen, in den Mixtopf geben und **3 Sekunden/Stufe 8** zerkleinern.
2. Zwiebel abziehen, in den Mixtopf geben und **3 Sekunden/Stufe 5** zerkleinern.
3. Jalapeños abtropfen lassen. Jalapeños und Cheddar in Stücke schneiden, in den Mixtopf geben, **8 Sekunden/Stufe 9** zerkleinern und beiseite geben.
4. Paprikaschote waschen, putzen und klein schneiden. Paprikastücke, Tomatenmark, Salz, Cayennepfeffer, Paprikapulver und Kreuzkümmel in den Mixtopf geben und **7 Sekunden/Stufe 4,5** mithilfe des Spatels zerkleinern.
5. Backofen auf 180 °C (Umluft 160 °C, Gas Stufe 2–3) vorheizen. Ein Backblech mit Backpapier auslegen.
6. Den Blätterteig zu zwei rechteckigen Platten ausrollen bzw. den fertigen Teig ausrollen.
7. Paprikamischung auf dem Blätterteig verteilen. Käsemischung darübergeben und dabei einen 2 Zentimeter breiten Rand an den Seiten frei lassen. Von der langen Seite her aufrollen. Jede der zwei Rollen in 12 Scheiben schneiden und mit der flachen Seite auf das Backblech legen.
8. Die Käseschnecken 30 bis 35 Minuten backen.

***Nährwerte/Stück**: 159 kcal • 4 g Eiweiß • 10 g Kohlenhydrate • 12 g Fett*

Zitronen-Dinkelbrot-Stangen

Zubereitungszeit: 30 Minuten • Gesamtzeit: 50 Minuten + 2 Stunden 45 Minuten Ruhezeit

Für 20 Stück

- ½ Würfel Hefe
- 1 TL brauner Zucker
- 1 TL Salz
- 300 g Wasser
- 10 g Öl
- 500 g Dinkelmehl Type 630
- 2 TL Thymian
- 1 Prise Rosmarin
- Schale von 1 unbehandelten Zitrone
- Sesam zum Bestreuen

Außerdem:
- Backpapier/Mehl

1. Hefe in den Mixtopf bröseln. Zucker, Salz, Wasser und Öl dazugeben und **4 Minuten/37 °C/Stufe 2** erwärmen.

2. Mehl, Kräuter und Zitronenschale in den Mixtopf geben und **2 Minuten/Knetstufe** kneten. Teig zudecken und an einem warmen Ort etwa 2 Stunden gehen lassen.

3. Ein Backblech mit Backpapier auslegen. Teig auf einer bemehlten Arbeitsfläche 1 Zentimeter dick ausrollen, in ca. 2 Zentimeter dicke Streifen schneiden und zu 1 Zentimeter dicken Stangen rollen. Teigrollen in Sesam wälzen, auf das Backblech legen, zudecken und 45 Minuten gehen lassen.

4. Backofen auf 220 °C (Umluft 200 °C, Gas Stufe 4–5) vorheizen. Die Stangen darin in 18 bis 20 Minuten goldgelb backen.

***Nährwerte/Stück:** 94 kcal • 3 g Eiweiß • 17 g Kohlenhydrate • 1 g Fett*

Salz-Cracker

Zubereitungszeit: 20 Minuten • Gesamtzeit: 30 Minuten

Für 25 Stück

- 200 g Weizenmehl Type 550
- 50 g Butter
- 100 g Milch
- ½ TL Salz
- ½ TL Rosmarin

Außerdem:
- Backpapier/Mehl
- Ausstechform
- Rosmarin und Steinsalz aus der Mühle

1. Backofen auf 180 °C (Umluft 160 °C, Gas Stufe 2–3) vorheizen. Ein Backblech mit Backpapier auslegen.

2. Mehl, Butter in Stücken, Milch, Salz und Rosmarin in den Mixtopf geben. **2 Minuten/Knetstufe** zu einem glatten Teig kneten.

3. Teig auf einer bemehlten Arbeitsfläche ausrollen und mit einer Form Cracker ausstechen. Auf das Backblech legen und mit einer Gabel mehrmals einstechen. Mit Rosmarin und Salz bestreuen.

4. Die Cracker auf der mittleren Schiene des Backofens 8 bis 10 Minuten nach Sicht backen.

***Nährwerte/Stück:** 46 kcal • 1 g Eiweiß • 6 g Kohlenhydrate • 2 g Fett*

Grissini

Zubereitungszeit: 30 Minuten • Gesamtzeit: 1 Stunde + 3 Stunden Ruhezeit

Für 20 Stück

- ¼ Würfel Hefe
- 200 g Wasser
- 60 g Olivenöl
- 1 Prise brauner Zucker
- 460 g Weizenmehl Type 550
- 40 g Roggenmehl Type 1150
- 1 TL Salz
- 2 Prisen Cayennepfeffer
- 2 TL italienische Kräuter, gerebelt

Außerdem:

- Backpapier
- Mehl für die Arbeitsfläche

1. Hefe in den Mixtopf bröseln. Wasser, Öl und Zucker dazugeben und **3 Minuten/37 °C/Stufe 2** erwärmen.

2. Weizen- und Roggenmehl, Salz, Cayennepfeffer und Kräuter in den Mixtopf geben, **4 Sekunden/Stufe 5** verrühren und **5 Minuten/Knetstufe** kneten. Zudecken und an einem warmen Ort 2 Stunden gehen lassen.

3. Ein Backblech mit Backpapier auslegen. Teig nach gewünschter Grissini-Dicke portionieren, auf einer bemehlten Arbeitsfläche längs ausrollen, auf das Backblech legen, zudecken und 1 weitere Stunde gehen lassen.

4. Backofen auf 200 °C (Umluft 180 °C, Gas Stufe 3–4) vorheizen. Die Grissini in 15 bis 30 Minuten nach Sicht goldgelb backen.

***Nährwerte/Stück**: 115 kcal • 3 g Eiweiß • 18 g Kohlenhydrate • 3 g Fett*

REZEPTE

BROT & BRÖTCHEN

AUS DEM THERMOMIX®

Weißes rustikales Brot (Foto Seite 134)

Zubereitungszeit: 20 Minuten • Gesamtzeit: 1 Stunde 5 Minuten + 21 Stunden Ruhezeit

Für 1 Brot (16 Scheiben)

- ¼ Würfel Hefe
- 400 g Wasser
- 600 g Weizenmehl Type 550
- 1 ½ TL Salz

Außerdem:
- Backpapier
- Mehl
- 1 feuerfeste Schale

1. Hefe in den Mixtopf bröseln. Wasser dazugeben und **3 Minuten/37 °C/Stufe 2** erwärmen. Mehl und Salz zufügen und **2 Minuten/Knetstufe** kneten. Teig in eine Schüssel geben, zudecken und bei Zimmertemperatur 20 Stunden gehen lassen.

2. Ein Backblech mit Backpapier auslegen. Teig auf einer bemehlten Arbeitsfläche zu einem Brotlaib formen, auf das Backblech legen, zudecken und erneut 1 Stunde gehen lassen.

3. Backofen auf 250 °C (Umluft 230 °C, Gas Stufe 6) vorheizen. Temperatur auf 230 °C (Umluft 210 °C, Gas Stufe 5) herunterschalten. Eine feuerfeste Schale mit Wasser auf den Boden des Backofens stellen. Das Brot 45 Minuten in der Mitte backen.

***Nährwerte/Scheibe**: 133 kcal • 4 g Eiweiß • 27 g Kohlenhydrate • 0 g Fett*

Varoma-Brot

Zubereitungszeit: 20 Minuten • Gesamtzeit: 1 Stunde 20 Minuten

Für 1 Brot (16 Scheiben)

- ½ Würfel Hefe
- 200 g Wasser
- 80 g Sonnenblumenkerne
- 20 g Chiasamen
- 10 g Öl
- 1 TL Salz
- 1 TL Brotgewürz
- 250 g Dinkelvollkornmehl

Außerdem:
- 1 Silikonbrotbackschale/Geschirrtuch

1. Hefe in den Mixtopf bröseln. Wasser, Kerne, Samen, Öl, Salz und Brotgewürz zufügen und **3 Minuten/37 °C/Stufe 2** erwärmen. Mehl zufügen und **5 Minuten/Knetstufe** zu einem Teig kneten.

2. Teig in eine Silikonbrotbackschale geben, mit etwas Mehl zu einem Laib formen und die Backform verschließen.

3. Mixtopf spülen, 1400 Gramm Wasser in den Topf geben, Varomabehälter aufsetzen, Backform hineingeben, Varomadeckel daraufsetzen und **60 Minuten/Varoma/Stufe 1,5** garen lassen.

4. Brot aus der Schale nehmen. Im Geschirrtuch auskühlen lassen.

Tipp: Soll das Brot im Backofen gebacken werden, Teig in eine Kastenform (20 x 11 x 7 Zentimeter) füllen und mit Alufolie abdecken.

***Nährwerte/Scheibe**: 93 kcal • 4 g Eiweiß • 12 g Kohlenhydrate • 3 g Fett*

Dunkles Low-Carb-Brot

Zubereitungszeit: 15 Minuten • Gesamtzeit: 1 Stunde 25 Minuten + 30 Minuten Ruhezeit

Für 1 Brot (16 Scheiben)

- 60 g Walnusskerne
- 70 g Leinsamen
- 60 g Sonnenblumenkerne
- 100 g Sojamehl
- 100 g Weizenkleie
- 200 g Wasser
- 150 g Magerquark
- 1 TL Salz
- ½ TL Zucker
- 2 TL Brotgewürz
- 2 Päckchen Backpulver

Außerdem:
- 1 Silikonkastenform (25 x 10 cm)
- 1 TL dunkler Sesam
- Alufolie nach Bedarf

1. Walnusskerne in den Mixtopf geben und **5 Sekunden/Stufe 6** zerkleinern.

2. Leinsamen, Sonnenblumenkerne, Sojamehl, Weizenkleie, Wasser, Magerquark, Salz, Zucker, Brotgewürz und Backpulver in den Mixtopf geben und **5 Minuten/Knetstufe** kneten.

3. Den Teig in eine Silikonkastenform geben, mit Wasser bestreichen und mit Sesam bestreuen. 30 Minuten ruhen lassen.

4. Backofen auf 200 °C (Umluft 180 °C, Gas Stufe 3–4) vorheizen und das Brot darin 1 Stunde 10 Minuten backen. Stäbchenprobe machen, eventuell Backzeit verlängern.

Tipp: Falls das Brot zu dunkel wird, mit Alufolie zudecken. Soll das Brot in einer Kastenform aus Metall gebacken werden, muss die Form gut eingefettet werden oder mit Backpapier ausgelegt werden.

***Nährwerte/Scheibe**: 119 kcal • 7 g Eiweiß • 4 g Kohlenhydrate • 7 g Fett*

Stockbrot aus Hefeteig

Zubereitungszeit: 35 Minuten • Gesamtzeit: 50 Minuten + 1 Stunde Ruhezeit

Für 10 Stück

- ½ Würfel Hefe
- 450 g Mehl
- 1 ½ TL Salz
- 1 TL Honig
- 280 g warmes Wasser

Außerdem:
- Mehl für die Arbeitsfläche
- 10 kräftige Stöcke (à 40 cm Länge)

1. Hefe in den Mixtopf bröseln. Mehl, Salz, Honig und Wasser dazugeben und **3 Minuten/Knetstufe** zu einem glatten Teig kneten. Den Teig in eine Schüssel geben, zudecken und 1 Stunde gehen lassen. Inzwischen den Grill im Freien zum Glühen bringen.

2. Teig in 10 Stücke schneiden und auf einer bemehlten Arbeitsfläche ca. 15 Zentimeter lange flache Rollen daraus formen. Jedes Teigstück überlappend auf einen sauberen Stock wickeln und etwas andrücken. 10 bis 15 Minuten über der Grillglut drehen. Das Brot ist fertig, wenn es sich auf dem Stock drehen lässt.

***Nährwerte/Stück**: 162 kcal • 5 g Eiweiß • 33 g Kohlenhydrate • 1 g Fett*

Stockbrot aus Knetteig

Zubereitungszeit: 35 Minuten • Gesamtzeit: 50 Minuten

Für 10 Stück

- 500 g Mehl
- 1 ½ TL Salz
- 3 TL Backpulver
- 60 g weiche Butter
- 130 g Milch

Außerdem:
- Mehl für die Arbeitsfläche
- 10 kräftige Stöcke (à 40 cm Länge)

1. Mehl, Salz, Backpulver, Butter und Milch in den Mixtopf geben und **4 Minuten/Knetstufe** zu einem glatten Teig kneten.

2. Teig in 10 Stücke schneiden und auf einer bemehlten Arbeitsfläche ca. 15 Zentimeter lange flache Rollen daraus formen. Jedes Teigstück überlappend auf einen sauberen Stock wickeln und etwas andrücken. 10 bis 15 Minuten über der Grillglut drehen. Das Brot ist fertig, wenn es sich auf dem Stock drehen lässt.

Varianten: Dem Teig entweder 1 Teelöffel Brotgewürz oder 2 Teelöffel gehackte Chilischoten oder 2 abgezogene Knoblauchzehen oder 200 Gramm Speckwürfel vor dem Knetvorgang dazugeben.

***Nährwerte/Stück**: 232 kcal • 6 g Eiweiß • 37 g Kohlenhydrate • 6 g Fett*

Oak

Baguette mit Knoblauchbutter

Zubereitungszeit: 30 Minuten • Gesamtzeit: 1 Stunde 10 Minuten + 3 Stunden Ruhezeit

Für 1 Baguette (10 Stücke)

Für das Baguette:
- ⅛ Würfel Hefe
- 140 g Wasser
- 280 g Mehl
- ½ TL Salz

Für die Knoblauchbutter:
- 3 Knoblauchzehen
- 5 g Ingwer
- 3 Basilikumblätter
- 100 g Butter
- 1 gute Prise Salz
- 1 Prise weißer Pfeffer
- 1 Prise Chilipulver
- 1 Spritzer Zitronensaft

Außerdem:
- Mehl für die Arbeitsfläche
- 1 Geschirrtuch
- Backpapier
- Wasser
- Alufolie

1. Für das Baguette Hefe in den Mixtopf bröseln. Wasser dazugeben und **3 Minuten/37 °C/Stufe 1** erwärmen. Mehl und Salz in den Mixtopf geben und **5 Minuten/Knetstufe** kneten. Teig umfüllen, zudecken und einen warmen Ort 2 Stunden gehen lassen.

2. Teig auf einer bemehlten Arbeitsfläche vorsichtig zu einem Rechteck ziehen und locker übereinanderschlagen. Mit einem feuchten Geschirrtuch zudecken und 30 Minuten gehen lassen.

3. Den Teig nochmals zu einem Rechteck formen, ohne die Luft herauszudrücken, aufrollen und zu einem Baguette formen, indem man ihn von der Mitte nach außen hin und her rollt.

4. Ein Backblech mit Backpapier auslegen. Den Teig mit der Naht nach unten auf das Backblech geben, oben dreimal schräg leicht einschneiden, zudecken und nochmals 30 Minuten gehen lassen.

5. Backofen auf 250 °C (Umluft 230 °C, Gas Stufe 6) vorheizen. In die unterste Schiene ein zweites Backblech schieben und mitaufheizen. Das Baguette in die zweite Schiene von unten einschieben und eine Tasse Wasser auf das untere Backblech schütten. Türe schnell schließen, damit der Dampf im Backofen bleibt. Das Baguette 20 Minuten backen. Falls es schon früher genügend gebräunt sein sollte, die Temperatur auf 210 °C (Umluft 190 °C, Gas Stufe 4) reduzieren. Baguette auskühlen lassen.

6. Für die Knoblauchbutter Knoblauch abziehen und in den Mixtopf geben. Ingwer schälen und dazugeben, **4 Sekunden/Stufe 8** zerkleinern. Basilikum zufügen und **3 Sekunden/Stufe 8** zerkleinern. Butter in Stücken, Salz, Pfeffer, Chilipulver und Zitronensaft dazugeben und **7 Sekunden/Stufe 4** vermischen.

7. Backofen auf 180 °C (Umluft 160 °C, Gas Stufe 2–3) vorheizen. Das ausgekühlte Baguette alle 2 Zentimeter einschneiden, sodass der Boden ganz bleibt, und die Butter darin einstreichen. Auf Alufolie 5 bis 10 Minuten backen. Heiß servieren.

***Nährwerte/Stück**: 173 kcal • 3 g Eiweiß • 20 g Kohlenhydrate • 9 g Fett*

Express-Vollkorn-Brot

Zubereitungszeit: 15 Minuten • Gesamtzeit: 1 Stunde 10 Minuten

Für 1 Brot (16 Scheiben)

- ½ Würfel Hefe
- je 1 TL Salz/Zucker
- 600 g Wasser
- 2 EL Zitronensaft
- 100 g Dinkelmehl Type 630
- 500 g Weizenvollkornmehl
- 50 g Sonnenblumenkerne

Außerdem:
- Öl/zarte Haferflocken

1. Hefe in den Mixtopf bröseln. Salz, Zucker, Wasser und Zitronensaft dazugeben und **4 Minuten/37 °C/Stufe 2** erwärmen.

2. Beide Mehlsorten und die Sonnenblumenkerne in den Mixtopf geben und **3 Minuten/Knetstufe** kneten.

3. Backofen auf 230 °C (Umluft 210 °C, Gas Stufe 5) vorheizen. Eine Kastenform (12 x 30 Zentimeter) mit Öl auspinseln und den Boden mit Haferflocken bestreuen.

4. Den Teig in die Form geben. Eine feuerfeste Schale mit Wasser füllen und auf den Boden des Backofens stellen. Das Brot auf der untersten Schiene 50 bis 55 Minuten backen.

***Nährwerte/Scheibe**: 165 kcal • 6 g Eiweiß • 26 g Kohlenhydrate • 3 g Fett*

Drei-Korn-Vollwertbrot

Zubereitungszeit: 15 Minuten • Gesamtzeit: 1 Stunde + 1 Stunde 40 Minuten Ruhezeit

Für 1 Brot (16 Scheiben)

- ½ Würfel Hefe
- 500 g Wasser
- 4 EL trockener Sauerteig
- 2 TL brauner Zucker
- 300 g Dinkelmehl Type 630
- 200 g Weizenvollkornmehl
- 350 g Roggenschrot
- 2 TL Salz

1. Hefe in den Mixtopf bröseln. Wasser, Sauerteig und Zucker dazugeben und **3 Minuten/37 °C/Stufe 2** erwärmen. Beide Mehlsorten, Roggenschrot und Salz zufügen und **5 Minuten/Knetstufe** kneten. Teig umfüllen und zugedeckt 60 Minuten gehen lassen.

2. Teig zurück in den Mixtopf geben und **3 Minuten/Knetstufe** kneten. Ein Backblech mit Backpapier auslegen. Teig zu einem Laib formen, auf das Backblech geben, zudecken und 40 Minuten gehen lassen.

3. Backofen auf 250 °C (Umluft 230 °C, Gas Stufe 6) vorheizen. Temperatur auf 230 °C (Umluft 210 °C, Gas Stufe 5) herunterschalten. Eine feuerfeste Schale mit Wasser auf den Boden des Backofens stellen. Das Brot 40 bis 45 Minuten backen.

***Nährwerte/Scheibe**: 190 kcal • 6 g Eiweiß • 36 g Kohlenhydrate • 1 g Fett*

Superfood-Brot

Zubereitungszeit: 20 Minuten • Gesamtzeit: 1 Stunde + 1 Stunde 30 Minuten Ruhezeit

Für 1 Brot (16 Scheiben)

Für den Teig:
- 200 g Mandeln mit Haut
- 80 g Kürbiskerne
- ⅛ Würfel Hefe
- 330 g Wasser
- 250 g Dinkelvollkornmehl
- 40 g Chiasamen
- 80 g Sonnenblumenkerne
- 1 TL Salz
- 1 TL Brotgewürz
- 1 TL Honig

Zum Bestreuen:
- 20 g Kürbiskerne
- 20 g Sonnenblumenkerne

Außerdem:
- 1 Kastenform (12 x 30 cm)
- Backpapier
- Wasser

1. Mandeln in den Mixtopf geben und **10 Sekunden/Stufe 7** mahlen. Beiseite geben.

2. Kürbiskerne in den Mixtopf geben und **8 Sekunden/Stufe 6** zerkleinern. Hefe in den Mixtopf bröseln. Wasser, gemahlene Mandeln, Dinkelvollkornmehl, Chiasamen, Sonnenblumenkerne, Salz, Brotgewürz und Honig dazugeben und **4 Minuten/Knetstufe** kneten.

3. Den Teig in eine Schüssel geben, zudecken und 1 Stunde 30 Minuten gehen lassen.

4. Backofen auf 200 °C (Umluft 180 °C, Gas Stufe 3–4) vorheizen. Eine Kastenform mit Backpapier auslegen und den Teig einfüllen.

5. Die Oberfläche des Brotes mit Wasser bestreichen und mit Sonnenblumen- und Kürbiskernen bestreuen.

6. Das Brot auf der zweiten Schiene von unten ca. 40 Minuten backen.

***Nährwerte/Scheibe**: 218 kcal • 9 g Eiweiß • 13 g Kohlenhydrate • 13 g Fett*

Bauernbrot

Zubereitungszeit: 15 Minuten • Gesamtzeit: 1 Stunde 30 Minuten + 1 Stunde 30 Minuten Ruhezeit

Für 1 Brot (16 Scheiben)

- 1 TL Kümmelsamen
- 1 Würfel Hefe
- 400 g Wasser
- 300 g Weizenmehl Type 550
- 400 g Roggenmehl Type 1150
- 100 g Buttermilch
- 2 TL Salz
- 2 TL Brotgewürz
- 1 TL Honig

Außerdem:
- Mehl für die Arbeitsfläche und zum Bestäuben
- Backpapier
- 1 feuerfeste Schale
- Wasser

1. Kümmelsamen in den Mixtopf geben und **8 Sekunden/Stufe 10** mahlen.
2. Die Hefe in den Mixtopf bröseln. Wasser dazugeben und **3 Minuten/37 °C/Stufe 1** erwärmen.
3. Weizen- und Roggenmehl, Buttermilch, Salz, Brotgewürz und Honig dazugeben und **5 Minuten/Knetstufe** kneten.
4. Den Teig im Mixtopf 30 Minuten an einem warmen Ort gehen lassen.
5. Ein Backblech mit Backpapier auslegen. Den Teig auf einer bemehlten Arbeitsfläche halbieren, zu einem Laib formen, auf das Backblech legen, zudecken und nochmals 1 Stunde gehen lassen.
6. Backofen auf 250 °C (Umluft 230 °C, Gas Stufe 6) vorheizen. Eine feuerfeste Schale mit Wasser füllen und auf den Boden des Backofens stellen.
7. Das Brot 15 Minuten backen, dann die Temperatur auf 170 °C (Umluft 150 °C, Gas Stufe 2) reduzieren und das Brot in 60 Minuten fertig backen.

***Nährwerte/Scheibe**: 160 kcal • 5 g Eiweiß • 31 g Kohlenhydrate • 1 g Fett*

Südtiroler Schüttelbrot

Zubereitungszeit: 25 Minuten • Gesamtzeit: 1 Stunde 15 Minuten + 1 Stunde 20 Minuten Ruhezeit

Für 6 Stück

- ½ TL Korianderkörner
- ½ TL Kümmelsamen
- ½ TL Fenchelsamen
- 1 Prise Anis, gemahlen
- ½ Würfel Hefe
- 350 g Wasser
- 150 g Buttermilch
- 1 TL Salz
- 1 TL brauner Zucker
- 180 g Weizenmehl Type 550
- 380 g Roggenmehl Type 1150

Außerdem:

- Roggenmehl für die Arbeitsfläche
- Holzbrett
- Backpapier

1. Koriander, Kümmel, Fenchel und Anis in den Mixtopf geben und **10 Sekunden/Stufe 10** zerkleinern.

2. Hefe in den Mixtopf bröseln. Wasser, Buttermilch, Salz und Zucker dazugeben und **4 Minuten/37 °C/Stufe 2** erwärmen.

3. Weizen- und Roggenmehl dazugeben und **3 Minuten/Knetstufe** rühren. Den Teig in eine Schüssel geben, zudecken und 1 Stunde gehen lassen.

4. Den Teig auf einer bemehlten Arbeitsfläche durchkneten und in sechs Stücke teilen. Jeweils die noch klebrigen Teigstücke zu einem Fladen formen.

5. Jeden Fladen einzeln auf ein Holzbrett legen, das Brett in den Händen drehen, dabei vorsichtig stoßartige Bewegungen ausführen. Das bewirkt, dass der Teig verläuft. Sobald er etwa 5 Millimeter dick ist, hat er die richtige Höhe.

6. Die Fladen auf zwei Stück Backpapier legen, mit Roggenmehl bestäuben, zudecken und 20 Minuten gehen lassen.

7. Inzwischen den Backofen auf 220 °C (Umluft 200 °C, Gas Stufe 4–5) vorheizen. Die Fladen mit dem Backpapier auf Backbleche ziehen und nacheinander 20 bis 25 Minuten backen.

Tipp: Klappt das »Schütteln« in Step 5 nicht oder hat man kein Holzbrett zur Hand, kann der Teig mit einem bemehlten Nudelholz ausgerollt werden.

Tipp: Mit Käse, Speck und einem guten Wein servieren.

***Nährwerte/Stück**: 336 kcal • 10 g Eiweiß • 66 g Kohlenhydrate • 1 g Fett*

Naan-Brot

Zubereitungszeit: 30 Minuten • Gesamtzeit: 40 Minuten + 1 Stunde Ruhezeit

Für 8 Stück

- 2 TL Koriander
- 2 TL Kreuzkümmel
- ½ TL Kurkuma
- 320 g Weizenmehl Type 550
- 100 g Wasser
- ½ Würfel Hefe
- ½ TL Salz
- 1 TL Zucker
- 1 TL Backpulver
- 90 g Naturjoghurt
- 20 g Olivenöl
- 20 g Butterschmalz

1. Alle Zutaten in den Mixtopf geben und **4 Minuten/Knetstufe** kneten. Den Teig herausnehmen, zudecken und an einem warmen Ort 1 Stunde gehen lassen.

2. Den ausgeruhten Teig mit Mehl bestäuben, bis er sich geschmeidig verarbeiten lässt. Den Teig auf einer bemehlten Arbeitsfläche in 8 Stücke teilen, Kugeln formen und zu 1 Zentimeter dicken Fladen ausrollen.

3. In einer Pfanne Butterschmalz zerlassen und die Fladen nacheinander von beiden Seiten backen.

4. Zum Abkühlen auf Küchenkrepp legen.

***Nährwerte/Stück**: 176 kcal • 5 g Eiweiß • 30 g Kohlenhydrate • 3 g Fett*

Dinkelfladenbrot

Zubereitungszeit: 20 Minuten • Gesamtzeit: 30 Minuten + 12 Stunden Ruhezeit

Für 1 Fladenbrot (20 Stücke)

- 150 g Dinkelkörner
- ¼ Würfel Hefe
- 30 g Zitronensaft
- 100 g Wasser
- 600 g Dinkelmehl Type 630
- 1 TL Honig
- 1 TL Salz
- 1 EL schwarzer Sesam

Außerdem:
- Tuch/Backpapier
- Mehl/Wasser

1. Dinkelkörner in den Mixtopf geben und **45 Sekunden/Stufe 10** mahlen. Hefe in den Mixtopf bröseln. Zitronensaft und Wasser dazugeben und **2 Minuten/37 °C/Stufe 3** vermischen. Mehl, Honig und Salz zufügen und **10 Minuten/Knetstufe** kneten. Teig in eine Schüssel umfüllen, mit einem feuchten Geschirrtuch zudecken und mindestens 12 Stunden gehen lassen.

2. Backofen auf 250 °C (Umluft 230 °C, Gas Stufe 6) vorheizen. Ein Backblech mit Backpapier auslegen. Teig zu einem Rechteck formen, von den gegenüberliegenden Teigenden zu einem Rechteck falten und auf die Größe des Backpapiers ziehen. Mit den Fingerspitzen Löcher in den Teig drücken. Teig großzügig mit Wasser bestreichen und mit Sesam bestreuen. Auf der mittleren Schiene des Backofens 8 bis 12 Minuten goldbraun backen.

***Nährwerte/Stück**: 133 kcal • 5 g Eiweiß • 25 g Kohlenhydrate • 1 g Fett*

Softes Weißbrot

Zubereitungszeit: 20 Minuten • Gesamtzeit: 1 Stunde 25 Minuten + 9 Stunden Ruhezeit

Für 1 Brot (16 Scheiben)

- ¼ Würfel Hefe
- 380 g Wasser
- 1 TL Salz
- 600 g Weizenmehl Type 550
- 40 g weiche Butter
- 1 TL Honig

Außerdem:

- 1 Geschirrtuch
- 1 Kastenform (12 x 30 cm)
- Alufolie
- Öl für die Alufolie
- Backpapier

1. Hefe in den Mixtopf bröseln. Wasser und Salz dazugeben und **3 Minuten/37 °C/Stufe 1** erwärmen.

2. Mehl, Butter und Honig dazugeben und **5 Minuten/Knetstufe** zu einem glatten Teig kneten. Den Teig in eine Schüssel geben, mit einem feuchten Geschirrtuch zudecken und bei Zimmertemperatur 8 Stunden gehen lassen.

3. Den Teig vorsichtig mit der Hand ziehen, falten, formen und dann mit der glatten Seite nach oben in eine Kastenform setzen. Alufolie einfetten und die Kastenform damit verschließen. Den Teig nochmals 30 Minuten gehen lassen.

4. Backofen auf 50 °C Ober- und Unterhitze vorheizen. Kastenform in die Mitte des Backofens schieben.

5. Nach 25 Minuten den Backofen auf 210 °C (Umluft 190 °C, Gas Stufe 4) schalten und das Brot weitere 20 Minuten backen.

6. Alufolie entfernen und das Brot 20 Minuten weiterbacken.

7. Temperatur auf 190 °C (Umluft 170 °C, Gas Stufe 3) reduzieren. Ein Stück Backpapier auf den Gitterrost legen. Das Brot vorsichtig aus der Backform lösen, auf den Gitterrost legen und in weiteren 15 bis 20 Minuten fertig backen.

Tipp: Kann auch als Toastbrot verwendet werden.

Nährwerte/Scheibe*: 152 kcal • 4 g Eiweiß • 27 g Kohlenhydrate • 3 g Fett*

Ciabatta

Zubereitungszeit: 20 Minuten • Gesamtzeit: 50 Minuten + 1 Stunden 30 Minuten Ruhezeit

Für 2 Brote (jeweils 6 Stücke)

- ½ Würfel Hefe
- 210 g Wasser
- ½ TL Honig
- 20 g Olivenöl
- 430 g Weizenmehl Type 550
- 1 EL Salz

Außerdem:
- Backpapier
- Mehl für die Arbeitsfläche

1. Hefe in den Mixtopf bröseln. Wasser dazugeben und **2 ½ Minuten/37 °C/Stufe 2** erwärmen.

2. Honig, Olivenöl, Mehl und Salz in den Mixtopf geben und **3 Minuten/Knetstufe** kneten. Sollte der Teig zu klebrig sein, so viel Mehl dazugeben, dass er sich gut bearbeiten lässt. Sollte zu wenig Flüssigkeit enthalten sein, Wasser dazugeben und nach Bedarf erneut kneten.

3. Teig in eine Schüssel geben, zudecken und an einem warmen Ort mindestens 1 Stunde gehen lassen.

4. Teig in den Mixtopf geben und **2 Minuten/Knetstufe** kneten.

5. Backblech mit Backpapier auslegen. Teig auf einer bemehlten Arbeitsfläche halbieren, zu zwei länglichen Brotlaiben formen, auf das Backblech legen und leicht mit Mehl bestäuben.

6. Zudecken und weitere 30 Minuten gehen lassen.

7. Inzwischen Backofen auf 220 °C (Umluft 200 °C, Gas Stufe 4–5) vorheizen.

8. Die Brote auf der mittleren Schiene 25 bis 30 Minuten goldbraun backen.

Tipp: Wer die Zeit erübrigen kann, sollte den Teig in Schritt 3 für mindestens 22 Stunden, zugedeckt, gehen lassen. So wird die Ciabatta nach dem Backen noch lockerer und luftiger.

***Nährwerte/Stück**: 143 kcal • 4 g Eiweiß • 26 g Kohlenhydrate • 2 g Fett*

Knäckebrot

Zubereitungszeit: 25 Minuten • Gesamtzeit: 40 Minuten + 1 Stunde Ruhezeit

Für 14 Stück

- ¼ Würfel Hefe
- 150 g Wasser
- 10 g brauner Zucker
- 1 TL Salz
- 80 g Roggenvollkornmehl
- 120 g Weizenmehl Type 550
- 60 g Weizenkleie

Zum Bestreuen:
- Körnermischung nach Wahl

Außerdem:
- Backpapier
- Mehl für die Arbeitsfläche

1. Hefe in den Mixtopf bröseln. Wasser, Zucker und Salz dazugeben und **2 Minuten/37 °C/Stufe 2** erwärmen.

2. Roggenmehl, Weizenmehl und Weizenkleie in den Mixtopf geben und **4 Minuten/Knetstufe** kneten. Sollte der Teig am Messer kleben bleiben, noch etwas Mehl dazugeben und nochmals **2 Minuten/Knetstufe** kneten. Der Teig sollte sich von selbst aus dem Topf lösen.

3. Teig in eine Schüssel geben, zudecken und an einem warmen Ort mindestens 1 Stunde gehen lassen.

4. Backofen auf 200 °C (Umluft 180 °C, Gas Stufe 3–4) vorheizen. Ein Backblech mit Backpapier auslegen.

5. Teig auf einer bemehlten Arbeitsfläche rechteckig ausrollen und mit einem Messer 14 Brotscheiben ausschneiden. Mit Körnern bestreuen und vorsichtig auf das Backblech legen.

6. Das Knäckebrot auf der mittleren Schiene des Backofens 12 bis 15 Minuten backen.

***Nährwerte/Stück**: 64 kcal • 2 g Eiweiß • 11 g Kohlenhydrate • 0 g Fett*

Ofenzupfbrot

Zubereitungszeit: 10 Minuten • Gesamtzeit: 35 Minuten

Für 1 Brot (6 Stücke)

- 1 selbst gebackenes rustikales Weißbrot (siehe Seite 136)
- 150 g Emmentaler
- 3 Knoblauchzehen
- 1 TL frischer Oregano
- 1 TL frischer Thymian
- 40 g getrocknete Tomaten in Öl
- 30 g schwarze Oliven ohne Stein
- 60 g Olivenöl
- 400 g Mozzarella

Außerdem:

- 1 Auflaufform (so groß wie das Weißbrot)
- Alufolie

1. Brot rautenförmig einschneiden, sodass der Boden noch ganz bleibt. In eine Auflaufform geben.
2. Backofen auf 180 °C (Umluft 160 °C, Gas Stufe 2–3) vorheizen.
3. Emmentaler in Stücke schneiden, in den Mixtopf geben und **10 Sekunden/Stufe 5** zerkleinern. Beiseite geben.
4. Knoblauch abziehen. Knoblauch, Oregano und Thymian in den Mixtopf geben und **5 Sekunden/Stufe 6** zerkleinern.
5. Tomaten und Oliven in den Mixtopf geben und **4 Sekunden/Stufe 3** zerkleinern.
6. Olivenöl dazugeben und **4 Sekunden/Stufe 3** vermengen.
7. Die Tomaten-Oliven-Mischung großzügig in die Zwischenräume des Brotes verteilen.
8. Mozzarella in kleine Stücke schneiden und ebenso in die Zwischenräume stecken.
9. Das gefüllte Brot in die Auflaufform setzen, mit Alufolie zudecken und 15 Minuten backen.
10. Die Alufolie entfernen und den beiseite gegebenen Emmentaler über das Brot streuen. Das Brot weitere 10 Minuten überbacken. Heiß servieren.

Tipp: Ein anderes Brot nach Wahl so gewürzt backen. Es sollte 600 bis 800 Gramm schwer sein.

***Nährwerte/Stück**: 742 kcal • 30 g Eiweiß • 75 g Kohlenhydrate • 35 g Fett*

Alpenwurzelbrot

Zubereitungszeit: 20 Minuten • Gesamtzeit: 45 Minuten + 12 Stunden Ruhezeit

Für 1 Brot (16 Scheiben)

- 50 g Weizenkörner
- 70 g Roggenkörner
- ½ Würfel Hefe
- 400 g Wasser
- 470 g Weizenmehl Type 550
- 1 EL Salz

Außerdem:
- Backpapier
- Mehl für die Arbeitsfläche
- 1 feuerfeste Schale
- Wasser

1. Weizenkörner und Roggenkörner in den Mixtopf geben, **1 Minute/Stufe 10** mahlen und das entstandene Mehl beiseite geben.

2. Hefe in den Mixtopf bröseln. Wasser dazugeben und **4 Minuten/37 °C/Stufe 2** erwärmen.

3. Mehl und Salz dazugeben und **5 Minuten/Knetstufe** kneten. Nach Bedarf Mehl dazugeben, falls der Teig zu stark klebt. Er muss sich gut bearbeiten lassen. Teig herausnehmen, in eine Schüssel geben, zudecken und 12 Stunden gehen lassen.

4. Backofen auf 250 °C (Umluft 230 °C, Gas Stufe 6) vorheizen. Ein Backblech mit Backpapier auslegen.

5. Teig auf einer bemehlten Arbeitsfläche in drei längliche Stücke teilen, an beiden Enden nehmen und gegeneinander drehen (ca. zweimal), bis eine »Schraube« entstanden ist. Auf das Backblech legen.

6. Temperatur auf 230 °C (Umluft 210 °C, Gas Stufe 5) reduzieren. Eine feuerfeste Schale mit Wasser füllen und auf den Boden des Backofens stellen. Das Wurzelbrot auf der zweituntersten Schiene 20 bis 25 Minuten backen. Vor den letzten drei Minuten die Tür kurz zum Ablassen des Dampfes öffnen.

***Nährwerte/Scheibe**: 129 kcal • 4 g Eiweiß • 26 g Kohlenhydrate • 0 g Fett*

Brot im Glas

Zubereitungszeit: 20 Minuten • Gesamtzeit: 3 Stunden 20 Minuten + 30 Minuten Ruhezeit

Für 4 Stück

Für den Teig:

- 200 g Dinkelkörner
- ½ Würfel Hefe
- 400 g Buttermilch
- 50 g Wasser
- 250 g Roggenvollkornmehl
- 80 g Weizenmehl Type 550
- 30 g Sonnenblumenkerne
- 30 g Kürbiskerne
- 2 EL Honig
- 1 ½ TL Salz
- 2 TL Brotgewürz

Außerdem:

- 4 Sturzgläser mit Deckel (à 500 ml Inhalt)
- 10 g Butter
- 100 g grobe Haferflocken

1. Dinkelkörner in den Mixtopf geben, **1 Minute/Stufe 10** mahlen und das entstandene Mehl beiseite geben.

2. Hefe in den Mixtopf bröseln. Buttermilch und Wasser dazugeben und **3 Minuten/37 °C/Stufe 2** erwärmen.

3. Dinkelmehl, Roggenmehl, Weizenmehl, Sonnenblumenkerne, Kürbiskerne, Honig, Salz und Brotgewürz dazugeben und **6 Minuten/Knetstufe** kneten. Den Teig 30 Minuten gehen lassen.

4. Inzwischen Backofen auf 160 °C (Umluft 140 °C, Gas Stufe 1–2) vorheizen. Gläser mit Butter ausfetten und mit Haferflocken ausstreuen.

5. Teig in Sturzgläser füllen, bis diese halbvoll sind. Die Deckel lose auflegen und die Gläser auf ein Gitter in die Mitte des Backofens schieben. Den Teig 3 Stunden backen.

6. Die Gläser aus dem Backofen nehmen und sofort verschließen.

Info: Vorsicht: heiß! Am besten Backhandschuhe verwenden.

***Nährwerte/Stück**: 703 kcal • 28 g Eiweiß • 110 g Kohlenhydrate • 12 g Fett*

Sonntagsbrötchen

Zubereitungszeit: 25 Minuten • Gesamtzeit: 50 Minuten + 3 Stunden Ruhezeit

Für 8 Stück

Für den Teig:
- ¼ Würfel Hefe
- 500 g Weizenmehl Type 550
- 290 g Wasser
- 1 ½ TL Salz
- 2 TL Zucker
- 10 g Olivenöl

Außerdem:
- 2 Backbleche
- Backpapier
- Mehl für die Arbeitsfläche
- Wasser

1. Hefe in den Mixtopf bröseln. Mehl, Wasser, Salz, Zucker und Olivenöl dazugeben und **3 Minuten/Knetstufe** kneten.

2. Den Teig in eine Schüssel geben, zudecken und bei Zimmertemperatur 1 Stunde gehen lassen.

3. Teig flach auf eine bemehlte Arbeitsfläche legen, nacheinander alle vier Enden anheben, etwas umschlagen und so leicht in der Mitte festdrücken, damit die Luft im Teig erhalten bleibt. Wieder zudecken und 1 weitere Stunde gehen lassen.

4. Den Teig länglich ziehen, halbieren und jeweils vier Teiglinge abtrennen. Wie im Tipp auf Seite 168 beschrieben, zu Brötchen formen und auf ein Backpapier legen. Zudecken und 1 weitere Stunde gehen lassen.

5. Backofen mit zwei Backblechen auf 250 °C (Umluft 230 °C, Gas Stufe 6) vorheizen.

6. Teiglinge mit dem Backpapier auf das Backblech auf der mittleren Schiene backen, dabei zunächst mit dem zweiten Backblech so zudecken, dass sich ein geschlossener Raum für die Brötchen ergibt. Die Temperatur des Backofens auf 230 °C (Umluft 210 °C, Gas Stufe 5) reduzieren. Nach 5 Minuten das obere Backblech aus dem Backofen nehmen und die Brötchen 20 Minuten backen.

***Nährwerte/Stück**: 237 kcal • 7 g Eiweiß • 46 g Kohlenhydrate • 2 g Fett*

Vollkornbrötchen

Zubereitungszeit: 20 Minuten • Gesamtzeit: 45 Minuten + 7 Stunden Ruhezeit

Für 8 Stück

- 430 g Weizenkörner
- 40 g Dinkelkörner
- ¼ Würfel Hefe
- 310 g Wasser
- 1 TL Salz
- 1 TL brauner Zucker
- 10 g Zitronensaft
- 20 g Olivenöl

Außerdem:
- Backpapier
- Mehl für die Arbeitsfläche

1. Weizen- und Dinkelkörner in den Mixtopf geben, **1 Minute/Stufe 10** mahlen und das entstandene Mehl beiseite geben.

2. Hefe in den Mixtopf bröseln. Wasser, Salz, Zucker, Zitronensaft und Öl dazugeben und **3 Minuten/37 °C/Stufe 2** erwärmen.

3. Das Mehl zufügen und **5 Minuten/Knetstufe** kneten. Den Teig zudecken und mindestens 6 Stunden gehen lassen.

4. Den Teig auf einer bemehlten Arbeitsfläche länglich ziehen, halbieren, jeweils vier Teiglinge abschneiden und, wie unten im Tipp beschrieben, zu Brötchen formen und auf ein Backpapier legen. Zudecken und 1 weitere Stunde gehen lassen.

5. Backofen mit Backblech auf der mittleren Schiene auf 250 °C (Umluft 230 °C, Gas Stufe 6) vorheizen.

6. Teiglinge dreimal quer einschneiden und mit dem Backpapier auf das heiße Backblech geben. Die Temperatur auf 230 °C (Umluft 210 °C, Gas Stufe 5) reduzieren und die Brötchen 17 bis 20 Minuten backen.

Brötchen richtig formen: Auf einer leicht mit Mehl bestäubten Arbeitsfläche arbeiten. Um die je nach Rezept entsprechende Stückzahl an Brötchen zu bekommen, mit einer Teigkarte oder einem Messer den Teig möglichst quadratisch in gleich große Stücke schneiden. Jedes Teigstück an einer beliebigen Ecke anfassen, diese in die Mitte des Teigstückes ziehen und sie dort leicht festdrücken. Diesen Vorgang etwa sechsmal wiederholen. Bei Bedarf die Teiglinge auf unbemehlter Arbeitsfläche rund schleifen. Das Teigstück mit der gefalteten Seite auf die Arbeitsfläche setzen und mit der hohlen Hand und leichtem Druck umgreifen. Der Teig klebt an der Arbeitsfläche fest, während man ihn durch kreisende Bewegungen mit der Hand rund glättet. Sind manche Teiglinge zu klein oder zu leicht, kann die Menge korrigiert werden, indem kleine Stücke Teig in die Mitte des Teiglings gelegt und beim Formen mit eingearbeitet werden.

***Nährwerte/Stück**: 198 kcal • 7 g Eiweiß • 36 g Kohlenhydrate • 1 g Fett*

Milchbrötchen

Zubereitungszeit: 25 Minuten • Gesamtzeit: 50 Minuten + 5 Stunden Ruhezeit

Für 10 Stück

Für die Brötchen:
- ⅛ Würfel Hefe
- 40 g weiche Butter
- 500 g Weizenmehl Type 550
- 280 g Milch
- 1 gestrichener TL Salz
- 45 g Zucker
- 1 Ei

Zum Bestreichen:
- 1 Ei
- 30 g Milch
- 1 Prise Salz

Außerdem:
- Backpapier
- Frischhaltefolie

1. Hefe in den Mixtopf bröseln. Butter in Stücke schneiden. Butterstücke, Mehl, Milch, Salz, Zucker und Ei in den Mixtopf geben und **10 Minuten/Knetstufe** kneten.

2. Teig in eine Schüssel umfüllen, zudecken und 4 Stunden an einem warmen Ort gehen lassen.

3. Ein Backblech mit Backpapier auslegen. Teig in zehn Stücke teilen und wie im Tipp auf Seite 168 beschrieben, zu Brötchen formen und auf das Backblech setzen.

4. Ei, Milch und Salz in einer Tasse verquirlen und die Teiglinge damit bestreichen. Mit Frischhaltefolie zudecken und nochmals 30 Minuten an einem warmen Ort gehen lassen.

5. Folie abnehmen, Teiglinge nochmals bestreichen, auf die mittlere Schiene des kalten Backofens schieben und die Temperatur auf 50 °C Ober- und Unterhitze einstellen. Teiglinge erneut 30 Minuten gehen lassen.

6. Die Temperatur im Backofen auf 160 °C (Umluft 140 °C, Gas Stufe 1–2) erhöhen und die Brötchen ca. 25 Minuten backen.

***Nährwerte/Stück**: 261 kcal • 8 g Eiweiß • 42 g Kohlenhydrate • 6 g Fett*

Kartoffelbrötchen

Zubereitungszeit: 15 Minuten • Gesamtzeit: 35 Minuten + 8 Stunden 30 Minuten Ruhezeit

Für 8 Stück

- 100 g festkochende Kartoffeln
- 30 g Weizenkörner
- ⅛ Würfel Hefe
- 300 g Weizenmehl Type 550
- 200 g Wasser
- 1 TL Salz
- 10 g Butter

Außerdem:
- 500 g Wasser zum Dämpfen
- Tuch/Backpapier/Mehl

1. Kartoffeln schälen, etwas klein schneiden und in den Gareinsatz geben. Wasser in den Mixtopf füllen, Gareinsatz einsetzen, Varoma aufsetzen und die Kartoffelstücke **15 Minuten/Varoma/Stufe 1** dämpfen. Kartoffeln auskühlen lassen. Mixtopf spülen.

2. Körner in den Mixtopf geben und **30 Sekunden/Stufe 10** mahlen. Kartoffeln dazugeben und **4 Sekunden/Stufe 6** pürieren. Hefe in den Mixtopf bröseln. Mehl, Wasser, Salz und Butter dazugeben und **5 Minuten/Knetstufe** kneten. Teig mit einem nassen Geschirrtuch zudecken und 8 Stunden gehen lassen.

3. Backblech mit Backpapier auslegen. Teig in acht Stücke teilen, rund formen und auf das Backblech legen. Die Teiglinge 30 Minuten reifen lassen. Backofen auf 230 °C (Umluft 210 °C, Gas Stufe 5) vorheizen und die Brötchen 18 bis 20 Minuten backen.

***Nährwerte/Stück**: 164 kcal • 5 g Eiweiß • 31 g Kohlenhydrate • 2 g Fett*

Varoma-Brötchen

Zubereitungszeit: 10 Minuten • Gesamtzeit: 45 Minuten + 30 Minuten Ruhezeit

Für 8 Stück

- 50 g Roggenkörner
- 50 g Dinkelkörner
- ⅛ Würfel Hefe
- 230 g Weizenmehl Type 550
- 230 g Wasser
- 1 TL Salz
- 1 TL Zucker
- 10 g Olivenöl
- 20 g Sonnenblumenkerne
- 15 g Kürbiskerne
- 10 g Chiasamen

1. Roggen- und Dinkelkörner in den Mixtopf geben und **30 Sekunden/Stufe 10** mahlen. Hefe in den Mixtopf bröseln. Mehl, Wasser, Salz, Zucker, Olivenöl, Sonnenblumenkerne, Kürbiskerne und Chiasamen dazugeben und **3 Minuten/Knetstufe** zu einem Teig kneten. Den Teig 30 Minuten gehen lassen.

2. Den Teig aus dem Mixtopf nehmen und in acht Stücke schneiden. Brötchen formen und in den Varoma-Behälter und in den Varoma-Einlegeboden im Varoma-Behälter geben.

3. 1300 Gramm Wasser zum Dämpfen in den Mixtopf geben, Varoma aufsetzen, Deckel schließen und die Brötchen **35 Minuten/Varoma/Stufe 1** garen. Herausnehmen und auskühlen lassen.

***Nährwerte/Stück**: 130 kcal • 5 g Eiweiß • 18 g Kohlenhydrate • 4 g Fett*

Laugenbrezeln

Zubereitungszeit: 30 Minuten • Gesamtzeit: 55 Minuten + 30 Minuten Ruhezeit

Für 10 Stück

Für den Teig:
- ½ Würfel Hefe
- 1 EL Zucker
- 500 g Mehl
- 220 g lauwarmes Wasser
- 5 g Öl
- 1 TL Salz

Zum Bestreuen:
- 2 EL grobes Salz

Außerdem:
- Backpapier
- 1 l Wasser
- 30 g Natron
- 1 Schaumkelle

1. Hefe in den Mixtopf bröseln. Zucker, Mehl, Wasser, Öl und Salz dazugeben und **3 Minuten/Knetstufe** kneten. Den Teig zudecken und 30 Minuten gehen lassen.

2. Den Teig nochmals **1 Minute/Knetstufe** kneten. Herausholen und auf einer bemehlten Arbeitsfläche zehn Stränge à 30 bis 40 Zentimeter Länge formen, welche in der Mitte dick und an den Enden dünner sind.

3. Backofen auf 180 °C (Umluft 160 °C, Gas Stufe 2–3) vorheizen. Ein Backblech mit Backpapier auslegen. In einem Topf 1 Liter Wasser mit 30 Gramm Natron mischen und aufkochen.

4. Die Teigstränge zu Brezeln schlingen und diese mit einer Schaumkelle 30 Sekunden in die kochende Natronflüssigkeit tauchen. Die Brezen dabei drehen, sodass sie überall mit Natron bedeckt sind. Nach kurzem Abtropfen auf das Backblech legen.

5. Die Brezeln mit grobem Salz bestreuen und auf der mittleren Schiene des Backofens 25 Minuten backen, bis sie schön goldbraun sind.

***Nährwerte/Stück**: 185 kcal • 5 g Eiweiß • 37 g Kohlenhydrate • 1 g Fett*

Low-Carb-Brötchen

Zubereitungszeit: 25 Minuten • Gesamtzeit: 55 Minuten + 1 Stunde Ruhezeit

Für 8 Stück

Für den Teig:
- 350 g Magerquark
- 3 Eier
- 80 g Weizenkleie
- 30 g Sojamehl
- 1 TL Salz
- 1 TL Honig
- 1 Päckchen Backpulver
- 50 g Sonnenblumenkerne
- 25 g dunkle Leinsamen
- 25 g Chiasamen

Zum Wälzen:
- 50 g Sonnenblumenkerne
- 50 g Sesam
- 50 g Kürbiskerne

Außerdem:
- Backpapier

1. Magerquark und Eier in den Mixtopf geben und **20 Sekunden/ Stufe 4** vermischen.

2. Weizenkleie, Sojamehl, Salz, Honig, Backpulver, Sonnenblumenkerne, Leinsamen und Chiasamen in den Mixtopf geben und **15 Sekunden/Stufe 4** vermischen. Mit dem Spatel nach unten schieben und nochmals **5 Sekunden/Stufe 4** mischen. Den Teig 1 Stunde quellen lassen.

3. Backofen auf 210 °C (Umluft 190 °C, Gas Stufe 4) vorheizen. Ein Backblech mit Backpapier auslegen.

4. Zum Fertigstellen Sonnenblumenkerne, Sesam und Kürbiskerne auf einem Teller mischen. Mit zwei Esslöffeln acht Teighäufchen auf das mit Backpapier belegte Backblech setzen und diese mit der Körnermischung bestreuen.

5. Die Brötchen auf der mittleren Schiene des Backofens 25 bis 30 Minuten backen.

Tipp: Das in diesem Rezept verwendete Sojamehl eignet sich hervorragend als Ei-Ersatz. Jedes zu ersetzende Ei wird durch 1 Esslöffel Sojamehl mit 2 Esslöffel Wasser ausgetauscht. Aber Achtung! Das Mehl ersetzt nur den Teil der Bindeeigenschaften der Eier. Rezepte, deren Hauptbestandteil Eier sind (z. B. Biskuit, Eischnee oder Soufflé) können nicht mit Sojamehl als Ei-Ersatz zubereitet werden.

***Nährwerte/Stück**: 312 kcal • 21 g Eiweiß • 11 g Kohlenhydrate • 18 g Fett*

Burgerbrötchen

Zubereitungszeit: 30 Minuten • Gesamtzeit: 55 Minuten + 9 Stunden 30 Minuten Ruhezeit

Für 8 Stück

Für die Burger:
- 1 TL Oregano, gerebelt
- 1 TL Thymian, gerebelt
- 1 kleine getrocknete Chilischote
- ⅛ Würfel Hefe
- 350 g Mehl
- 220 g Milch
- 1 TL Salz
- ½ TL Zucker
- 30 g Butter
- 1 Eigelb

Zum Bestreichen:
- 1 Eiweiß
- 20 g Milch
- 1 Prise Salz

Außerdem:
- 1 Geschirrtuch
- Backpapier
- Mehl
- Frischhaltefolie

1. Oregano, Thymian und Chilischote in den Mixtopf geben und **10 Sekunden/Stufe 10** mahlen.

2. Hefe in den Mixtopf bröseln. Mehl, Milch, Salz, Zucker, Butter und Eigelb dazugeben und **5 Minuten/Knetstufe** zu einem Teig kneten. In eine Schüssel umfüllen, mit einem nassen Geschirrtuch zudecken und 8 Stunden gehen lassen.

3. Ein Backblech mit Backpapier auslegen. Teig vorsichtig ausziehen, falten und leicht kneten. Auf einer bemehlten Arbeitsfläche acht Stücke abstechen, wie im Tipp auf Seite 168 beschrieben zu runden Brötchen formen und auf das Backblech legen.

4. Eiweiß, Milch und Salz in einer Tasse verquirlen und die Teiglinge damit einstreichen. Mit Frischhaltefolie zudecken und 1 Stunde gehen lassen.

5. Backofen auf 50 °C Ober- und Unterhitze einstellen, Folie entfernen, die Brötchen nochmals einstreichen und im Backofen 30 Minuten gehen lassen.

6. Die Temperatur im Backofen auf 160 °C (Umluft 140 °C, Gas Stufe 1–2) erhöhen und die Burger ca. 25 Minuten backen.

***Nährwerte/Stück**: 214 kcal • 7 g Eiweiß • 33 g Kohlenhydrate • 5 g Fett*

Mediterrane Grillbrötchen

Zubereitungszeit: 30 Minuten • Gesamtzeit: 55 Minuten + 2 Stunden 30 Minuten Ruhezeit

Für 10 Stück

- 50 g in Öl eingelegte Paprika
- 50 g getrocknete Tomaten in Öl
- 80 g schwarze Oliven ohne Stein mit Kräutern
- 100 g Weißkäse nach Fetaart
- ½ Würfel Hefe
- 170 g warmes Wasser
- 550 g Weizenmehl Type 550
- 2 TL Salz
- 1 TL brauner Zucker

Außerdem:
- Backpapier
- Mehl für die Arbeitsfläche
- 1 feuerfeste Schale

1. Paprika, Tomaten und Oliven abtropfen lassen und in den Mixtopf geben. Käse dazugeben und **4 Sekunden/Stufe 4** zerkleinern.

2. Hefe in den Mixtopf bröseln. Wasser, Mehl, Salz und Zucker dazugeben und **5 Minuten/Knetstufe** kneten. Den Teig in eine Schüssel füllen, zudecken und 2 Stunden gehen lassen.

3. Inzwischen ein Backblech mit Backpapier auslegen.

4. Teig auf einer bemehlten Arbeitsfläche ca. 1 Zentimeter dick ausrollen, mit Mehl bestäuben und in 10 Stücke schneiden. Stücke von der kurzen Seite her aufrollen und auf das Backblech legen. Die Teiglinge zudecken und 30 Minuten gehen lassen.

5. Backofen auf 250 °C (Umluft 230 °C, Gas Stufe 6) vorheizen. Eine feuerfeste Schale mit Wasser auf den Boden des Backofens stellen.

6. Brötchen auf der mittleren Schiene 20 bis 25 Minuten backen.

***Nährwerte/Stück**: 248 kcal • 8 g Eiweiß • 41 g Kohlenhydrate • 5 g Fett*

REZEPTE

BACK-MISCHUNGEN

AUS DEM THERMOMIX®

Backmischung für Brot (Foto Seite 182)

Gesamtzeit: 10 Minuten

Für 1 Rezept

- 150 g Roggenmehl Type 1150
- 25 g Sesam
- 150 g Weizenmehl Type 550
- ½ TL Trockenhefe
- 1 Prise Zucker
- 50 g Sonnenblumenkerne
- 50 g Dinkelmehl Type 630
- 1 TL Salz
- 10 g Mohnsamen
- 20 g Haferflocken

Außerdem:
- 1 Glas mit Deckel

1. Roggenmehl in das Schraubglas mit Deckel (à 500 Milliliter Inhalt) geben und darüber den Sesam streuen.

2. Weizenmehl mit Hefe und Zucker mischen und über den Sesam geben. Sonnenblumenkerne darüberstreuen. Dinkelmehl mit Salz mischen und in das Glas füllen. Mohnsamen und Haferflocken mischen und über das Dinkelmehl geben.

3. Das Glas verschließen und nach Bedarf etikettieren (siehe Tipp Seite 185). Aus der Backmischung ein Körnerbrot backen, wie unten beschrieben.

Tipp: Ein schönes Schraubglas mit Deckel à 500 Gramm Inhalt wählen, um ein attraktives Geschenk präsentieren zu können.

Körnerbrot

Zubereitungszeit: 30 Minuten • Gesamtzeit: 1 Stunde 5 Minuten + 1 Stunde Ruhezeit

Für 1 Brot (16 Scheiben)

- 1 Rezept Backmischung für Brot (siehe oben)

Als frische Zutaten:
- 300 g lauwarmes Wasser

Außerdem:
- 1 Brotbackschale

1. Backmischung in den Mixtopf geben, 300 Gramm lauwarmes Wasser dazugeben und **5 Minuten/Knetstufe** kneten. Falls der Teig zu trocken ist, noch etwas Wasser dazugeben. Teig in eine Brotbackschale geben, zudecken und 1 Stunde gehen lassen.

2. Backofen auf 220 °C (Umluft 200 °C, Gas Stufe 4–5) vorheizen. Das Brot auf der zweiten Schiene von unten 35 Minuten backen. Stäbchenprobe machen, Backzeit gegebenenfalls verlängern.

Tipp: Statt der Brotbackschale einen feuerfesten Topf oder einen Römertopf zum Brotbacken verwenden.

Nährwerte/Scheibe*: 108 kcal • 4 g Eiweiß • 17 g Kohlenhydrate • 2 g Fett*

Backmischung für Low-Carb-Brot

Gesamtzeit: 10 Minuten

Für 1 Rezept

- 120 g Weizenkleie
- 60 g Sonnenblumenkerne
- 140 g Sojamehl
- 1 Päckchen Backpulver
- 1 TL Salz
- ½ TL Zucker
- 2 TL Brotgewürz
- 20 g Leinsamen
- 40 g Walnusskerne

Außerdem:
- 1 Schraubglas mit Deckel (à 500 ml)

1. Weizenkleie in das Glas geben und darauf die Sonnenblumenkerne einfüllen.
2. Das Sojamehl mit Backpulver, Salz, Zucker und Brotgewürz mischen und auf die Sonnenblumenkörner geben. Den Leinsamen darüberstreuen.
3. Die Walnusskerne in den Mixtopf geben, **5 Sekunden/Stufe 6** hacken und über den Leinsamen geben.
4. Das Glas verschließen und nach Bedarf etikettieren (siehe Tipp unten). Aus der Backmischung ein Low-Carb-Brot backen, wie unten beschrieben.

Low-Carb-Brot

Zubereitungszeit: 15 Minuten • Gesamtzeit 1 Stunde 25 Minuten + 30 Minuten Ruhezeit

Für 1 Brot (14 Stücke)

- 1 Rezept Backmischung für Low-Carb-Brot (siehe oben)

Als frische Zutaten:
- 200 g Magerquark
- 200 g Wasser

Außerdem:
- 1 Silikonbackform (12 x 24 cm)
- Alufolie nach Bedarf

1. Backmischung in den Mixtopf geben, Quark und Wasser dazugeben, **4 Minuten/Knetstufe** zu einem Teig kneten. Den Teig in eine Form geben, zudecken und 30 Minuten gehen lassen.
2. Backofen auf 200 °C (Umluft 180 °C, Gas Stufe 3–4) vorheizen, das Brot oben mit Wasser bestreichen und in den Backofen schieben. 1 Stunde 10 Minuten backen.
3. Stäbchenprobe machen, um zu prüfen, ob das Brot fertig ist. Falls es zu dunkel wird, mit Alufolie zudecken.

Tipp: Zum Verschenken der Backmischung die frischen Zutaten inklusive der Rezeptanleitung auf ein Etikett schreiben und dieses auf das Schraubglas kleben.

***Nährwerte/Stück:** 124 kcal • 9 g Eiweiß • 5 g Kohlenhydrate • 6 g Fett*

Backmischung für Haselnussplätzchen

Gesamtzeit: 10 Minuten

Für 1 Rezept

- 100 g Haselnüsse
- 200 g Mehl
- 1 Prise Salz
- 100 g Puderzucker
- 1 TL Zimt, gemahlen
- 100 g Milchschokostreusel

Außerdem:
- 1 Schraubglas mit Deckel (à 500 ml Inhalt)

1. Für die Backmischung Haselnüsse in den Mixtopf geben und **7 Sekunden/Stufe 6** fein hacken.
2. Mehl mit Salz mischen und in ein Schraubglas mit Deckel füllen. Haselnüsse darüberverteilen.
3. Puderzucker mit Zimt vermischen und über die Haselnüsse geben. Darüber die Schokostreusel verteilen.
4. Das Schraubglas mit seinem Deckel verschließen und schön etikettieren (siehe Tipp Seite 185).

Haselnussplätzchen

Zubereitungszeit: 30 Minuten • Gesamtzeit: 45 Minuten + 1 Stunde Ruhezeit

Für 25 Stück

- 1 Rezept Backmischung für Haselnussplätzchen (siehe oben)

Als frische Zutaten:
- 200 g weiche Butter
- 1 Ei

Außerdem:
- Frischhaltefolie
- Backpapier

1. Butter und Ei in den Mixtopf geben und **50 Sekunden/Stufe 5** schaumig rühren.
2. Backmischung dazugeben und **2 Minuten/Knetstufe** zu einem Teig kneten. Teig zu einer ca. 3 Zentimeter dicken Rolle formen, in Frischhaltefolie wickeln und 1 Stunde im Kühlschrank ruhen lassen.
3. Backofen auf 180 °C (Umluft 160 °C, Gas Stufe 2–3) vorheizen. Ein Backblech mit Backpapier auslegen.
4. Den Teig in 1 Zentimeter dicke Taler schneiden und auf das Backblech geben.
5. Plätzchen auf der mittleren Schiene des Backofens ca. 12 bis 15 Minuten backen.

***Nährwerte/Stück**: 155 kcal • 2 g Eiweiß • 12 g Kohlenhydrate • 11 g Fett*

Backmischung für Muffins

Gesamtzeit: 10 Minuten

Für 1 Rezept

- 400 g Dinkelmehl Type 630
- 1 Päckchen Backpulver
- 1 Prise Salz
- 140 g brauner Rohrzucker
- 1 Päckchen Vanillezucker
- 50 g getrocknete Äpfel
- 10 g essbare getrocknete Blüten

Außerdem:

- 1 Schraubglas mit Deckel (à 1 l Inhalt)

1. Für die Backmischung Mehl, Backpulver und Salz vermischen. Die Hälfte des Mehls in ein Schraubglas mit Deckel füllen.
2. Nacheinander Rohrzucker, restliches Mehl und Vanillezucker in das Glas einfüllen.
3. Die Äpfel zerteilen und über den Glasinhalt geben. Zum Schluss die Blüten einfüllen.
4. Das Glas verschließen und schön etikettieren.

Tipp: Zum Verschenken ein schönes Etikett mit den frischen Zutaten gestalten (siehe Rezept unten) und auf das Schraubglas kleben. Soll das Geschenk größer sein, gleich die Muffinform bzw. Papier-Muffinförmchen mitverschenken.

Apfel-Blüten-Muffins

Zubereitungszeit: 15 Minuten • Gesamtzeit: 40 Minuten

Für 12 Stück

- 1 Rezept Backmischung für Muffins (siehe oben)

Als frische Zutaten:

- 230 g Butter
- 120 g Milch
- 4 Eier

Außerdem:

- 1 Muffinblech
- 12 Papier-Muffinförmchen

1. Backofen auf 160 °C (Umluft 140 °C, Gas Stufe 1–2) vorheizen. Muffinblech mit Papierförmchen auskleiden.
2. Butter in Stücke schneiden, in den Mixtopf geben und **30 Sekunden/Stufe 3** rühren.
3. Backmischung, Milch, und Eier dazugeben und **40 Sekunden/Stufe 3** vermischen.
4. Teig in die Muffinförmchen füllen. Muffins auf der mittleren Schiene des Backofens 20 bis 25 Minuten backen.

***Nährwerte/Stück**: 355 kcal • 7 g Eiweiß • 39 g Kohlenhydrate • 19 g Fett*

Rezeptregister

Über die Autoren

Daniela und Tobias Gronau, begeisterte Besitzer des TM31 und TM5, haben ihr Hobby vor einigen Jahren zum Beruf gemacht und kochen und backen nun hauptberuflich mit dem Thermomix®. Die Blogger überzeugen ihre über 85.000 Follower auf Facebook immer wieder durch gesunde, moderne und leckere Kreationen. In ihrem eigenen Verlag veröffentlichen sie erfolgreich Thermomix®-Rezepthefte – und hinzugekommen ist ihre eigene Produktlinie »Mix&Lecker Bio-Rund-um-Sorglos-Mischungen« für die schnelle Küche.

Impressum

1. Auflage 2017

Hinweis

Das vorliegende Buch ist sorgfältig erarbeitet worden. Dennoch erfolgen alle Angaben ohne Gewähr. Weder die Autoren noch der Verlag können für eventuelle Nachteile oder Schäden, die aus den im Buch gegebenen Hinweisen resultieren, eine Haftung übernehmen.
Für das Gelingen und die Anwendungshinweise der Rezepte und Zubereitungen ist der Verlag, nicht die Vorwerk Deutschland Stiftung & Co. KG, Geschäftsbereich Thermomix, verantwortlich.

Sollte diese Publikation Links auf Webseiten Dritter enthalten, so übernehmen wir für deren Inhalte keine Haftung, da wir uns diese nicht zu eigen machen, sondern lediglich auf deren Stand zum Zeitpunkt der Erstveröffentlichung verweisen.

Redaktionsleitung Silke Kirsch

Projektleitung Ann-Kathrin Kunz

Satz/DTP
Grafikdesign Hansen – Jan-Dirk Hansen

Layout OH, JA! (www.oh-ja.com)

Umschlaggestaltung
OH, JA! (www.oh-ja.com)

Lektorat Dr. Ute Paul-Prößler

Korrektorat Susanne Langer

Bildredaktion Sabine Kestler

Foodfotografie Daniela Gronau, Tobias Gronau

Cover und Holzuntergründe der Aufmacher Maike Jessen

Reproduktion Mohn Media Mohndruck GmbH, Gütersloh

Druck und Verarbeitung
DZS Grafik, Ljubljana

Printed in Slovenia

Verlagsgruppe Random House
FSC® N001967
ISBN 978-3-517-0962 3-0
www.suedwest-verlag.de